長期×短期 最強の組み合わせ投資

プライベートバンカー × 億超えトレーダー
Motoaki Fukui 福井元明
（副業アカデミー）
小林昌裕
山下 勁 Kei Yamashita

みなさん、こんな不安や願望を
お持ちではないですか？

会社の給与だけだと
不安……
会社の将来も不安。
自分の将来も
不安だよ～

本業とは別に、
少しでも収入が
あるとうれしいな
億を稼ぎたいなんて言
いませんよ～

自分で稼げるチカラを
身につけたい！

老後の貯金も、
子どもたちの教育資金
も稼がないと！

もう少し、
自由な時間とお金が
あるといいのに

おこづかいが
もう少し増えると
うれしい♡

将来が不安で、
なんとか自分のチカラで堅実に稼ぎたい！
「老後の貯金」「毎月のおこづかい」が欲しい！
そんなみなさんに――
億超えトレーダーのボク、山下 勁と
プライベートバンカーの私、福井元明が
タッグを組んで、この本を贈ります。

「福井さん」こと福井元明（ふくい もとあき）

「けいくん」こと山下 勁（やました けい）

はじめに

みなさん、はじめまして。今回初めての著書を出します、独立系プライベートバンカーの福井元明（ふくいもとあき）です。

共著者のけいくん、こと山下勁さんについては、すでにおなじみの読者も多いと思います。株式投資歴14年。チャートから株価の動きを予測する訓練を積み、再現性のある独自のテクニカルメソッドを築き、現在ではコンスタントに年間１億円以上の利益を上げています。

私のプロフィールやプライベートバンカーの仕事について、詳しくは本書を読んでいただければわかると思いますが、以前はメガバンクに勤務し、スイスの現地法人ではプライベートバンカーとしての業績を上げてきました。

このような経験と金融に対する知識を積み重ね、資産管理に対する多彩なニーズに対応できるスキルを築き上げ、現在では総資産数百億円という富裕層のお客様から資産運用を任されるようになりました。

富裕層のお客様から信頼をいただいている私の資産運用スキルと年収１億円以上を稼ぐけいくんのテクニックを組み合わせたトレードは、まさに“最強”と自負しています。

その最強のトレードとは、将来に備えての資産形成を実現する長期投資と副収入を稼ぐ短期投資を並行して行うものです。

資産形成しながら、おこづかいも稼げる——理想的な投資といっても過言ではないでしょう。そして、このような組み合わせ投資のノウハウ書は、今までほとんどなかったと思います。

本書では最初にけいくんが短期投資のテクニカル分析を解説し、その後、私にバトンタッチし、長期投資のファンダメンタルズ分析を述べるという形式をとっています。チャート編では私がその銘柄を選んだ理由、そしてけいくんが実際のチャートを使って、どこでエントリーし、どこで手じまいするかを具体的に示し、実践で応用できるノウハウを載せています。

ところで、ファンダメンタルズ分析というとＰＥＲ、ＰＢＲなどの指標を使って投資を判断するのが初心者には難しい、ちょっと面倒……といった印象が頭をよぎるかもしれません。

また、なかには「ファンダメンタルズは自分には向かない」と思っている人もいるかもしれません。

本書では、ファンダメンタルズ分析の指標や決算書の読み方などは一切解説していません。

この本で私がレクチャーする長期投資のファンダメンタルズ分析は、人口動態や世界的な需給の有無を考察して投資を判断する方法です。ファンダメンタルズ指標を知らない初心者でも十分、理解していただけるはずです。

ただ、ファンダメンタルズの指標について全く知らなくてもいいのかといえば、せめて基礎ぐらいは知っておくほうがいいでしょう。

私が示すファンダメンタルズ投資の考え方、そして富裕層の投資に対する考え方がより理解しやすくなると思います。

本書に掲載する投資法についてふたりで意見交換する時間は、とても楽しく、私自身にも新たな学びがありました。読者のみなさんには、そんな楽しさも伝わればと思っています。

さて、ここで断っておきたいことがあります。

それは、本書は少ない元手をたった数年間で一挙に1億円にしようという内容ではないということです。

少ない資金でも丁寧に投資と向き合い、コンスタントに副収入を獲得しながら、将来に向けて資産形成をしていこうという本です。

そのような堅実な投資を積み重ねていけば、必ず資産は増えていきますし、億への夢も現実味を帯びてくるはずです。

長期投資のファンダメンタルズ、短期投資のテクニカルを駆使するふたりが力を合わせて「最強の組み合わせ投資」をレクチャーしてまいります。

本書がみなさんの投資ライフのお役に立てば、著者としてこれ以上の喜びはありません。

福井元明

個人投資家けいくん、プライベートバンカーと出会う

投資するのに「いい会社」の定義って？

第3章 儲かるトレードで大事なこと

第4章 成功率が抜群に上がる! ミックス投資

第5章 株式投資で大切にしたい7つの教え

個人投資家けいくん、プライベートバンカーと出会う

プライベートバンカーの仕事から富裕層のトレードを知る

01

みなさん、こんにちは、山下勁です。ボクは個人で株式トレードをしています。

共著者の福井元明さんはプライベートバンカーです。プライベートバンカーとは、直訳すれば「個人銀行家」となります。

この仕事について、あまりなじみがないかもしれないので簡単に説明します。

プライベートバンカーは主に富裕層一人ひとりを顧客とし、資産運用や資産保全の方法をきめ細かく提案していくのが仕事です。個人が個人に対して銀行と同じような金融サービスを提供する。だから、プライベートバンカーと呼ばれるのです。

顧客とする富裕層は日本では一般に資産３億円以上がメインになっているようです。

このあたりについては福井さんに語ってもらいますが、富裕層から、お金の悩みをいろいろと聞いて、解決策を示したり、投資活動を行ったりするなど、お金にかかわるさまざまなサービスを提案していくのがプライベートバンカーです。ですから、プライベートバンカーとして業績を上げている福井さんのトレードを知ることは、富裕層の投資に対する考え方を知ることにもなりますし、そこには**資産を維持し、増やすヒントが数多くある**のです。

まず、福井さんとボクの出会いについて話しましょう。

○テクニカル分析 vs. ファンダメンタルズ分析

福井さんとは知人の紹介で出会いました。

「すごい実績を上げているプライベートバンカーがいるから、紹介するよ。総資産数百億円から数千億円のお客さんの資産運用をしている人だよ」

そう言われ、興味が湧いたのです。

今までボクは自分自身で考えた、言うなれば独自のテクニカルでトレードをしてきました。他人がどんな手法でトレードしているかなんてほとんど気にしなかったし、他人から何かをわざわざレクチャーしてもらおうなんて考えてもいませんでした。

しかし、ボクはここ数年、こんな思いを抱くようになっていました——。

さらに高いパフォーマンスを実現するためには、自分とは異なる手法で実績を上げているトレーダーのメソッドや投資に対する考え方を知っておくことが必要かもしれない……。

ですから、“すごい実績を上げているプライベートバンカー”という知人の言葉に大きな興味を抱いたのです。

福井さんに会って話を聞くと、ボクとは異なる考え方が多々ありました。

投資メソッド、銘柄の選び方、エントリー、利確ポイントが異なります。

大きな違いは投資メソッドでした。

株式投資を始めている人はすでに知っていると思いますが、銘柄の選択や売買では、一般に**テクニカル分析とファンダメンタルズ分析という２つのメソッド**が用いられます。

ボクの手法は基本的にテクニカル分析です。株価の動きを示すチャートから、今後株価が上がるか、下がるかといった値動きを推測し、売買をします。チャートにはローソク足を使い、前の高値、安値、出来高、新値更新、移動平均線などから、株価のトレンド（今後の動き）を分析しています。

○富裕層の投資判断はファンダメンタルズ分析

一方、ファンダメンタルズ分析は、企業の業績や経済環境をもとに今の株価が割安か、割高かを判断して売買をします。

テクニカル分析では業績の良し悪しはほとんど関係なく売買を判断しますが、ファンダメンタルズ分析では業績こそが判断の重要な材料となります。

福井さんをはじめ**プライベートバンカーが売買を判断する際の手法としているのは、ファンダメンタルズ分析**です。ボクのように業績は二の次、チャートをメインにトレードすることは、まずありえません。

それはなぜでしょう？　福井さんによると理由は簡単です。

福井

「私たちが顧客から依頼される投資は、数千万円単位の売買です。

たとえば、1000万円で株式を買いたいと依頼され、投資先を選択する際、この企業の業績はわかりませんが、チャートが上昇トレンドを描いているので買いましょう……と言われて相手は納得すると思いますか？」

たしかに。ボクならチャートの動きを見て買っちゃうこともあるけど、一般にはチャートの動きを説明されても売買判断はできないかもしれない。福井さんは、次のように続けます。

「反対に株価が下がっていても、こう説得されたらどうでしょう？
　この企業は業績も良く、業務内容を見ると将来性もあります。今は外部環境（為替レートや金利水準の上下、景気など）が悪く株価は低迷していますが、企業本来の価値から言えば、むしろ割安といえます。この時期に購入して、上昇するのを待ちましょう」

　なるほど。こちらの説明のほうがクライアントは納得しそうです。
　お客さんに対して投資の根拠を説明するには（とくに投資金額が1000万円かそれ以上の富裕層には）、投資先の業績や成長性の良し悪しを判断するファンダメンタルズ分析が、説得力を持つようです。

長期向きのファンダメンタルズ、短期向きのテクニカル

02

さて、先の福井さんの話のなかで、割安な時期に購入して「上昇するのを待ちましょう」という言葉がありました。

福井さんの投資は割安と判断できる銘柄、成長性があると判断できる銘柄を買い、株価が上がるのを待つ――「上昇するのを待つ」とはそういうことです。そして、それには数年間が必要です。ですから、基本的に**長期保有**になります。

一方、**ボクのトレードは短期**です。だいたい１週間か、２週間ぐらいで決済します。数年後に株価が上がるかではなく、チャートを見て、数日で上がるか、下がるかを予測して売買するからです。

大胆な言い方をすれば、**ファンダメンタルズ分析は長期投資向き、テクニカル分析は短期投資向き**と言えるでしょう。

みなさんのなかには「短期売買しかしないから、業績や将来性なんかどうでもいい」という人がいるかもしれません。その考え方を決して否定はしません。

たしかに短期売買でも利益を上げることはできます。ただ、短期では株価が買値の２倍、３倍、ましてや10倍になるなんていうケースは“すごくまれ”と言ってもいいでしょう。ところが、長期投資では株価が数倍になることがあります。いわゆる株価10倍の「テンバガー」を狙うのも“絶対にムリ”ではないのです。

○ 短期はおこづかい稼ぎ、長期は将来に備えた預金

そこで、ボクはこんな提案をしたいと思います。

短期売買と長期売買を並行して行うトレードです。

短期はおこづかい稼ぎ、長期は将来に備えて“銀行に預ける代わり”に行う投資です。

現在、銀行に預けてもゼロ金利の時代です。ほとんどの都市銀行では1年の定期預金の金利は0.002%（2020年9月現在、年率、税引前)。100万円預けても1年で20円の利子しかつきません。

ところが、100万円分を株式として保有すると配当があります。

2020年7月現在、日本取引所グループによると東証一部上場企業で配当を出している企業の平均利回りは約2%です。100万円の株式なら年間2万円の配当ということです。定期預金の1000倍です。

どうでしょう？　銀行に預金するよりはるかに高い金利と言えますね。そのうえ、株価が買値より上昇すれば大きな利益も期待できます。

とはいえ、銀行預金はよほどのことがない限り、元本が保証されているのに対し、株式投資は元本保証どころか、買値の半分になってしまうことも珍しくありません。それに業績が急激に悪化して倒産なんていう悲劇もありえます。

そのような**リスクを軽減するために、堅実な銘柄を選ぶこと**が必要になるのです。

ファンダメンタルズをもとにした福井さんの銘柄の選び方は、長期保有で株価が伸びることが原則です。倒産する恐れがあるような企業には間違っても投資しません。

ですから、福井さんの銘柄選びの考え方を知り、参考にすれば、**ローリスクでハイリターンの投資**が可能だと言えるのです。

短期と長期の組み合わせ投資で利益をより大きく

03

ファンダメンタルズ分析と聞くと、すごく複雑で面倒な印象を抱いている人がいるかもしれません。しかし、福井さんのメソッドはとてもシンプルです。それは次章から説明していきます。

ここでは、ファンダメンタルズ分析のデメリットと思える点も挙げておきましょう。

それは**利益確定をするポイントが、ファンダメンタルズ分析ではわかりにくいこと**です。

業績や将来性などから、現在の株価が割安かどうかを判断し、割安と判断した時点でエントリーしますが、「利益確定の手じまい＝出口戦略」は何で判断するのでしょう？

○ファンダメンタルズでは投資の出口が予測しづらい

一般にテクニカル分析なら、株価の天井を予測できる指標がありますから、その指標に従って出口を考えることができます。ボクは自分自身のルールに従って、利益を確定し、手じまいしています。

しかし、ファンダメンタルズにはそのような指標はなきに等しいと言えます。

たとえば、そのときの株価をその企業が「決算短信」で発表している1株当たり当期純利益で割って、**PERを求めれば、株価が割高かどうか、ある程度の判断はつく**でしょう。

PERとは「Price Earnings Ratio」の略で、日本語では「株価収益率」と訳されます。**PERは「株価÷1株当たり当期純利益（予想）」で計算**します。株価が1株当たり純利益の何倍まで買われているか、言い換えれば「1株当たり純利益の何倍の値段が付けられているか」を見る投資指標です。**株価と会社の利益を比べ、株価が割安かどうかを判断する指標**で、一般に倍率が高いほど割高、倍率が低いほど割安とされています。

でも実際には、株価が割高とされても、さらに上がる銘柄はいくらでもあります。割高なところで手放したいと思っても、その手放すポイントがわかりづらいのです。

○エントリーしやすく、利確しづらいファンダメンタルズ

つまり、**ファンダメンタルズ分析ではエントリーはしやすいが、利益確定が判断しにくい**——入口はわかりやすいが、出口がわかりにくいと言えるのではないでしょうか？

その反対が、テクニカル分析と考えてもいいでしょう。

エントリーは業績や将来性ではなく、チャートやテクニカル指標が売買に適していると判断できるポイントを待って発注します。

テクニカル分析で活用されるテクニカル指標には、次のようなものがあります。

- **移動平均線**（5日・25日・75日などの移動平均線）
- **MACD**(マックディー)（２本の移動平均線、ＭＡＣＤとそれを単純移動平均化したシグナルの２本のラインで相場をとらえる指標）
- **ボリンジャーバンド**（移動平均を表す線と、その上下に値動きの幅を示す線を加えた指標）
- **RSI**（「相対力指数」とも呼ばれ、買われすぎか、売られすぎかを判断するための指標で、数値は0～100で表され、一般的に70～80%以上で買われすぎ、20～30%以下で売られすぎと判断される）

○サインを待ってエントリーするテクニカル

いろいろと挙げてみましたが、**ボクが使っているのは、主に移動平均線**です。

移動平均線を使ったテクニカル分析で、よく利用されている“ゴールデンクロス”と“デッドクロス”で説明しましょう。ゴールデンクロスとは、短期の移動平均線が長期の移動平均線を下から上に交差して抜けることで、上昇トレンド入りのシグナルとされています。

デッドクロスは、その逆で、短期の移動平均線が長期の移動平均線を上から下に交差して抜けることで、下落トレンド入りのシグナルとされています。

よく「ゴールデンクロスで買い」「デッドクロスで売り」といわれますが、これに忠実に従うならば、買いのエントリーは、ゴールデンクロスを形成するまで待つ必要があります。

ところが、ファンダメンタルズ分析では、たとえデッドクロスしていても、その時点で割安と判断できれば買いを入れられます。テクニカル指標に関係なく、いつでも買いのエントリーができるのです。

これをまとめると、次のように言えます。

- **ファンダメンタルズ分析はいつでもエントリーできるが、利確ポイントが明確ではない。**
- **テクニカル分析では、指標がエントリーのサインを示すまで待たなくてはいけないが、利確ポイントはわかりやすい。**

○2つの分析法のイイトコ取り投資を

ファンダメンタルズ分析とテクニカル分析、それぞれにメリット

図01 移動平均線とゴールデンクロス

任天堂（7974）

もあれば、そうでないところもあるのです。

どちらがいいとか悪いとかではなく、両者のメリットを利用してトレードすれば長期と短期の両方で儲かると思いませんか？

ファンダメンタルズ分析で将来に備えた貯金、テクニカル分析でおこづかい稼ぎという考え方に納得してもらえたのではないでしょうか。

２つの分析法のイイトコ取りをしましょう！

貯蓄しながら、おこづかい稼ぎ——次章からそのメソッドを解説していきます。

その前に、福井さんにプライベートバンカーの仕事や富裕層の投資に対する考え方などを話してもらいましょう。

金融のプロだけじゃないプライベートバンカー

04

はじめまして。福井元明です。ここでは、あらためて私の仕事について紹介します。

私が独立してプライベートバンカーという仕事に就いたのは、2019年2月からです。それまではみずほ銀行に在籍していました。

なぜ独立したのか？　とよく聞かれますが……。

プライベートバンカーって、カッコいいじゃないですか！

すごく単純に言うと、そんな理由です（笑）。

私は独立する以前、プライベートバンキング業務を行うスイスの現地法人へ出向していました。

欧州ではプライベートバンカーのステータスが非常に高いのです。

顧客となる富裕層は、日本円にして最低でも資産10億円以上、トップクラスになると資産1兆円を超える方もいらっしゃいます。そういう方に対して、前述したように資産運用や資産保全の方法をきめ細かく提案していくのが仕事です。

○ 金融のスキルだけでなく人間性も問われる仕事

プライベートバンカーはみな、金融サービスのプロフェッショナルとして、誇りを持って仕事をしています。そのような姿勢をスイスの現地法人で目の当たりにして、憧れのような思いも抱きました。

そして何より、私がこの仕事に就いた大きな理由は、プライベートバンカーは単なる金融サービスを提供するだけでなく、人間としての価値も問われる仕事であるという点です。

プライベートバンカーのみならず、金融の仕事には**金融マンの人間性が営業成績を左右する側面**があります。

金融サービスの業務は、目に見えるモノを売っている仕事ではありません。服や雑貨、食品など形のある商品なら、品質の良し悪し、あるいは買い手の趣味に合うかどうか、値段の安さなどで売れ行きが決まっていきます。

しかし、定期預金、個人向け国債、投資信託、外貨預金などの金融商品は、正直誰が売っても同じ内容です。売る人によって利回りが有利になることはありません。すると、購入の動機としては、その商品を売る人が信頼できるからとか、その人の熱心さが気に入ったからとか……、いわば担当者のファンになって、購入していただくケースが多いのです。

○ 金融職はかなり人間味のある仕事

お客様が法人だと少し事情は変わりますが、個人のお客様相手の営業の成果は人間関係によるところが大きいと言えるでしょう。

金融の仕事は、ビジネスライクに進み“人情”など入り込む余地はないと考えている人がいるかもしれませが、かなり人間味のある仕事なのです。私はそのような仕事の側面が好きでした。

個人対個人のかかわりが深くなるプライベートバンカーは、実は人間関係が浮き彫りになる仕事です。組織というバックボーンがあるより、個人として顧客として向き合ったほうが、はっきりと自分の価値や至らなさを実感できると考えたのです。

この仕事を一生の仕事にすれば、自分の価値を高め、成長できる——そう思いました。

そして、プライベートバンカーでなければ接することができない人たちにも会える——それも魅力でした。

これが独立した大きな理由です。

○お金に関するあらゆる相談に解決策を示す

プライベートバンカーとして独立して実感したことは、これまで以上に勉強が必要だということです。顧客からの相談は多岐にわたります。

投資信託、不動産投資、保険、相続、節税対策、上場企業のオーナーからは自社の株価を上げるにはどうすればよいか、経営の効率化をどう図るかなど、実にさまざまです。

ときには、こんな相談もあります。

「アンティークコインに投資したい」

「希少価値の高いワインを買いたい」

アンティークコインは年代や状態、希少性によって１枚１億円ぐらいするものも珍しくありません。

そんな相談を受けたとき、「わかりません」ではプライベートバンカーは務まりません。

「このコイン商に当たってみましょう」

「次のオークションで状態の良いものが出品されます」

など、顧客の望むアンサーができるようでなくてはだめなのです。

ですから、幅広い知識と、世界で今どのような金融商品のニーズが増えてきているのかという情報もしっかり身につけておく必要があります。

つまり、お金に関しては何を聞かれても、ある程度の回答ができ、適切なソリューション（問題の解決方法）をそのつど、提示できる必要があるのです。

○ お客様のお金を運用するということ

先ほど、金融マンは顧客との信頼関係が成績の良し悪しを左右すると言いました。

プライベートバンカーは扱う金額が高額です。信頼関係が希薄では仕事が進まないといっても過言ではありません。

資産運用を任されて、うまく運用できるときばかりとは限りません。ときには含み損を出すこともあります。1億円の株式投資をして、市況の悪化で株価が大幅下落、5000万円の含み損ということもあるのです。仮に一時の下げだとしても、そのときの精神的なつらさは言葉にできません。

でも、信頼されていれば「次に頑張ってくれ」と言ってもらえます。ピンチのときこそ、まさに日ごろの顧客との信頼関係が問われると思います。

お客様のお金を運用しているのですから、重責があります。会社にいたときには顧客に対して、最終的には会社が責任を取ってくれるわけですが、個人となると私の責任が大きいのです。

ですから独立してから、顧客には損をさせないという意識が一層、強くなりました。

タイミングは問わない!一生モノの銘柄の探し方

05

けいくんとの出会いは知人から「個人トレーダーですごい実績を上げている」と紹介されたのがきっかけでした。

私の周辺に個人トレーダーで収益を上げている人はいますが、けいくんほどの稼ぎを出している人はいませんでした。ですから、けいくんのように年に億単位の成果を上げている個人トレーダーは、何を見て、どのような考え方でトレードをしているのか、会って話をしてみたかったのです。

話をすると、押さえるべきポイントはさほど変わらないものの、手法や発想に違いがあることがわかり、そこが新鮮でした。

大きく異なったのはトレードではチャートしか見ていないという点です。私は彼ほどチャートを重要視していないので勉強になる部分が多々ありました。

損切りのタイミングが早いのも、個人トレーダーならではの合理的な考え方だと思いました。

実は、私たちの仕事では損切りはなかなかしません。

かなりの利益が出ている銘柄を手じまいするとき、売却益に伴って税金もかかります。税金を減額するために(損益通算)、いわば節税目的で、含み損のある銘柄を損切りすることはあります。

クライアントのなかには、その会社が好きなので株価に関係なく一生買い続けるという人もいますし、10 年、20 年保有するという人もいます。

たとえば、「買値より 10%下がったら損切り」というような考え方はあまりしないのです。

売買についても、「天井圏で売って、底値圏で買う」とか「上昇トレンドに入ったと予測できたら買う」などの考え方も、ほとんどしません。極端な言い方をすれば、**その企業に成長性があれば、いつでも買います。**

とはいえ、季節性に注目してトレードすることはあります。銘柄のなかには４月は株価が上がり、８、９月には株価が下がるという傾向があるものがあり、その季節性を利用して夏の安いうちに買って、春に高くなったら売って、また夏に買い戻すというサイクルで売買をするのです。

また、好決算や上方修正、業務改善、吸収合併など株価が上昇しそうな材料をさまざまなデータから分析して、情報が出る前の安いうちに買い、情報が出て株価が高騰したら、下がる前に売り抜ける——いわゆる「材料出尽くし」で下落する前に利益確定するといったトレードを行うこともあります。

しかし、私が行っているファンダメンタルズ分析によるトレードには、けいくんのような明確なルールがないと言えます。

逆をいえば、私がお伝えする投資法はタイミングを問わない、手放す必要すらない、**一生モノの銘柄の探し方**だと思ってください。

富裕層の投資は長期保有&社会的意義のある企業に

06

次に保有期間ですが、私の感覚では**1年未満が短期、1年から5年が中期、5年以上が長期**になります。実は投資する額の規模が大きければ大きいほど、短期でのトレードには向かなくなるのです。

まず、買うのに時間がかかります。

富裕層の投資では、1銘柄に数十億円以上の資金を投入することもあります。そんなときには資金を数回に分けて買います。一度に数十億円以上の買いを入れてしまうと、それだけで株価が高騰して、マーケット全体に影響を与えてしまいかねないからです。ですから、少しずつ買いを入れます。すると全額投入するのに時間がかかります。

それからはよほどの悪材料が出ない限り、長期保有です。**富裕層の時間軸はゆったり**なのです。なぜなら、短期で利益を出す必要はないからです。**富裕層の投資は基本、長期保有**と考えてください。

○社会的意義のある投資をする

投資対象の銘柄は、長期的な成長が予測できる企業ですが、なかには社会的に意義のある投資をしたいという要望もあります。

“社会的に意義のある”というのは、たとえば環境に配慮しているとか、コーポレートガバナンス（健全な経営）がしっかりと機能しているということです。いわゆるESG投資（P50参照）です。

ESG投資をはじめ、私が富裕層に株式投資を提案するとき、何を根拠にその銘柄を選んでいるのかは、次の第2章でお話ししていきたいと思います。

ゆるいけいくん、過密な福井さん、1日のタイムスケジュール

07

けいくんと福井さんでは、銘柄の選び方やトレードの手法が違います。同様に、1日の過ごし方も大きく異なります。

ふたりの1日の過ごし方をタイムスケジュールにしてみました。けいくんはゆるゆる、福井さんはかなりの過密スケジュールです。

けいくんのタイムスケジュール

8:00	保育園に子どもを送り、保育園から帰宅 ※午前中は読書かゲームか、映画鑑賞
12:00 ～ 13:00	昼食
14:30 ～ 15:00	株価をチェックし、必要なら売買
15:00 ～ 17:00	夕食の準備
18:00	保育園に子どもを迎えに行く
19:00	夕食 ※夕食後は子どもの世話をしたり遊んだりして、その後、子どもを寝かしつけ、21:00 ～ 0:00 ぐらいまではゲーム

けいくんは、**2週間に一度、週末に2時間集中して400銘柄ほどのチャートをチェック**。そのなかから、トレードに適したものを10銘柄前後、ピックアップして日々、株価の動きを監視。売買で

きるタイミングがあればトレードするというスタイルです。

○ 福井さんのタイムスケジュール

8:00	出社
9:00〜9:30	社内打ち合わせ
9:30〜10:00	電話応対
10:00 〜 11:00	書類整理やメールに返信
11:30〜12:30	ランチミーティング
13:00〜17:00	1時間刻みで面談
17:00〜18:00	書類整理やメールに返信
18:30〜20:30	顧客と会食
21:00〜	別の顧客と会食

福井さんのトレードは、仕事中は移動時間などすきま時間を見つけて行うスタイル。顧客とのミーティングは多い日には 10 件近くにのぼる。ときには朝の7時から打ち合わせをすることもあるそう。

では、次からはけいくんとともに、実践的な投資メソッドについて解説していきましょう。

column 1

移動平均線は日足、週足、月足で「短期5、中期 25、長期 75」

ボク、山下勁が使用している株チャートソフトについてご紹介しましょう。

「Alpha Chart（アルファチャート）」という有料版（シェアウェア）ソフトやボク自身が開発した**「ストックシミュレーション」**（1ヵ月のお試し版をP143で紹介）を使用しています。

いずれのソフトでも、日足チャートの移動平均線は短期を5日、中期を25日、長期を75日に設定しています。

週足チャートの場合は短期が5週、中期が25週、長期が75週、月足チャートならば短期が5ヵ月、中期が25ヵ月、長期が75ヵ月で、**日足でも週足でも月足でも、移動平均線の「短期5、中期25、長期75」という設定**は変わりません。

そして、チャートで**株価を確認するのは1日1回**（その1回すら忘れてしまうこともありますが……）。終値がほぼ見えてくる**14時半以降**、取引終了の15時までの間です。

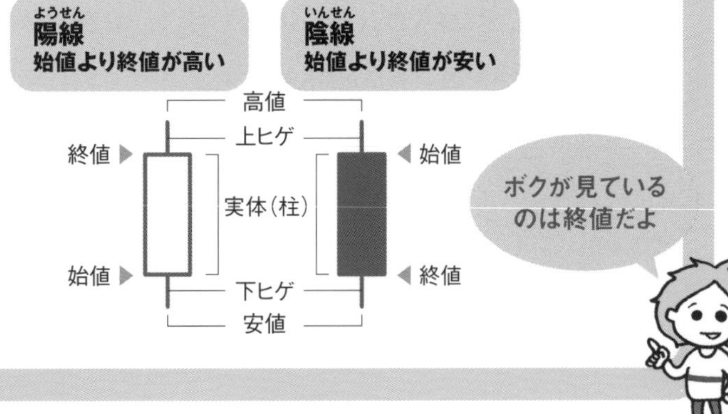

第2章

投資するのに「いい会社」の定義って？

「いい会社」だから投資するというのは雑なトレード

みなさんが、トレードをする際、もっとも頭を悩ませているのは銘柄選びではないでしょうか？

どの銘柄に投資するかによって、トレードの成否が決まってくるといっても過言ではありません。とはいえ、東証一部に上場している企業だけでも、日本取引所グループによれば2171社（2020年8月末現在）もあります。そのなかから、投資対象となる銘柄を選ぶのですから、悩むのは当然。この章では、福井さんとボクの銘柄選びのポイントをお話ししたいと思います。

その前に、みなさんに聞いておきたいことがあります。

みなさんにとって「いい会社」ってどんな会社でしょう？

「就職するなら“いい会社”」とか「あの人は“いい会社”にお勤めしている」といった話を耳にしたことはありませんか？

こういうときの「いい会社」とは――誰もが知っている有名企業、小規模でも業績がすごくいい企業、自分の夢が実現できる企業、地元の家族的な企業……さまざまな企業が浮かぶと思います。

○投資するのに「いい会社」の定義を考えよう

では、**投資をするのに「いい会社」とは、どんな会社でしょう？**

それは、**投資に見合った利益を得ることができる会社**です。この“利益を得る”ということをしっかり頭に入れておいてください。

「名前が知れているし、いい会社だから買ってみよう」

「証券会社の格付けが上がって目標株価が上がったからいい会社」

「上方修正したからいい会社に違いない」

そんな「なんとなくいい会社」という曖昧な判断で、銘柄を選び、売買してしまう人が案外多いのです。上方修正したからといって株価が上昇しなければ、投資するのに「いい会社」とは言えません。

実は、「いい会社だから買ってみる」は雑なトレードです。

投資を判断するときの「いい会社」は、先ほどお話しした「“いい会社”にお勤め」の「いい会社」とは異なります。さらに、ボクと福井さんでも「いい会社」の判断は違います。

これから解説していく銘柄選びは、**投資するのに最適な「いい会社」の定義**だと考えてください。

○テクニカルとファンダメンタルズの「いい会社」

先ほど“福井さんとボク”でも「いい会社」の判断は違うと話しましたが、それは言い換えれば**“ファンダメンタルズとテクニカル”では銘柄選びのポイントが違う**ということです。

第1章を思い出してください。

テクニカルは短期投資向き、ファンダメンタルズは長期投資向きとお話ししました。その違いが銘柄選びの違いにもなります。

数多くある銘柄のなかには、ファンダメンタルズでは売買に適さない銘柄でもテクニカルでは利益が期待できる銘柄もあります。

その反対に、テクニカルではトレンドが判断できず、エントリーしにくい局面でも、ファンダメンタルズでは業績や成長性から売買の対象になる銘柄もあります。

テクニカルとファンダメンタルズ、両者で銘柄の選択ができればどちらか一方でエントリーを判断するより、ぐっと精度が上がります。つまり、勝率が上がっていくのです。

時価総額と出来高の大きい中・大型株に絞る

09

では、ここから福井さんとボクの銘柄の選び方についてお話ししていきましょう。

ボクが銘柄を選ぶ際、重要な判断基準にしているのは時価総額の規模です。**時価総額は「株価×発行済み株式数」**で計算しますが、その企業の価値とも言えます。

ボクは東証一部上場銘柄で時価総額3000億円から5000億円以上の中・大型株、日々の出来高が200万株以上の企業をトレードの対象にしています。

図02 時価総額上位ランキング

順位	コード	名称	取引値	発行済み株式数	時価総額(百万円)
1	7203	トヨタ自動車㈱	**7,066**	3,262,997,492	23,056,340
2	9984	ソフトバンクグループ㈱	**6,370**	2,089,814,330	13,312,117
3	6861	㈱キーエンス	**43,780**	243,207,684	10,647,632
4	6758	ソニー㈱	**8,344**	1,261,058,781	10,522,274
5	9437	㈱NTTドコモ	**2,890.50**	3,228,629,406	9,332,353
6	9432	日本電信電話㈱	**2,385**	3,900,788,940	9,303,382
7	4519	中外製薬㈱	**4,710**	1,679,057,667	7,908,362
8	7974	任天堂㈱	**59,710**	131,669,000	7,861,956
9	9983	㈱ファーストリテイリング	**65,780**	106,073,656	6,977,525
10	9433	KDDI㈱	**2,993**	2,304,179,550	6,896,409
11	6098	㈱リクルートホールディングス	**3,944**	1,695,960,030	6,688,866
12	4568	第一三共㈱	**9,334**	709,011,343	6,617,912
13	9434	ソフトバンク㈱	**1,370**	4,787,145,170	6,558,389
14	4502	武田薬品工業㈱	**3,856**	1,576,387,908	6,078,552
15	8306	㈱三菱UFJフィナンシャル・グループ	**443.9**	13,581,995,120	6,029,048

2020/9/4 11:30 時点

証券業界では、東証一部銘柄のなかから時価総額と流動性が高い上位 100 銘柄（TOPIX100 の算出対象）を「大型株」、次いで時価総額と流動性が高い上位 400 銘柄（TOPIX Mid400 の算出対象）を「中型株」と呼んでいるそうです（そのほか、中・大型株に含まれない全銘柄が「小型株」になります）。

時価総額が大きな企業はトヨタ、ソニー、日本水産など、誰もが名前を聞いたことのある銘柄です。このような中・大型株は過去のチャートから、今後のトレンドを予測しやすく、そして株価の値動きも安定的です。

つまり、**中・大型株のチャートには再現性がある**ということです。再現性とは、過去の動きと同じような動きをするという意味です。再現性を利用したトレードメソッドについては、第３章で述べたいと思います。

図03 不規則な動きをするチャート（バイオ銘柄）

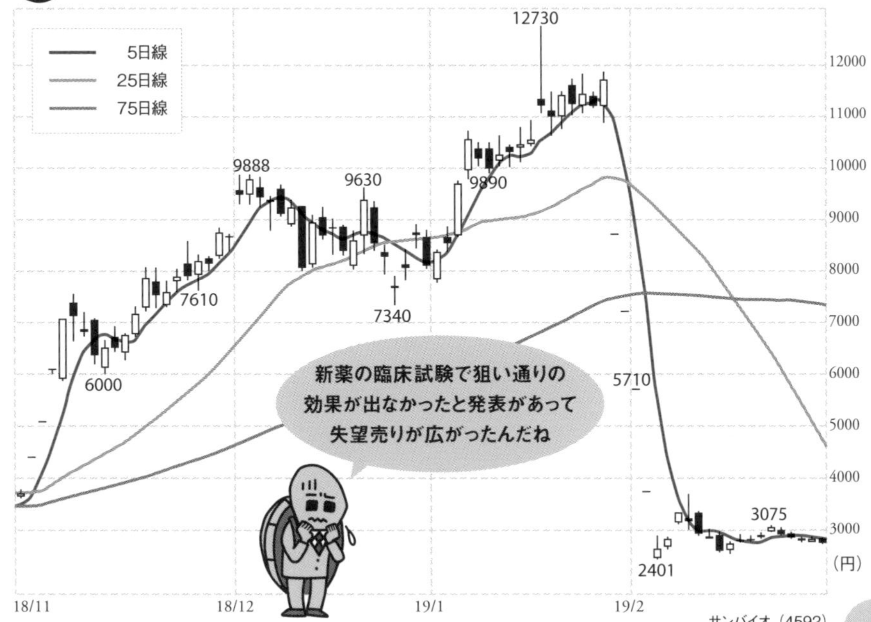

サンバイオ（4592）

さて、ボクのトレードでは一攫千金は狙いません。

8%ほどの利益をコツコツと重ねていくトレードです。ですから、時価総額が大きく、安定的に上下を繰り返す銘柄をターゲットにしているのです。

ルールのあるトレードで運用能力を磨く

新興市場に上場している銘柄のなかには、いきなり高騰したと思えば、翌日には暴落といったような不規則な動きをするものもあります。そのような銘柄ではトレンドを予測しにくく、従って精度の高い売買判断ができるとは思えません。例を挙げるなら、バイオ関連株などにそのような動きが見られることがあります。

なかには「乱高下を利用して、売り買いすれば儲かる」なんていう人もいますが、それは結果論。本当にそんなことができるのかは疑問です。

もし、今日買った株が翌日ストップ高になったとしても、単なるビギナーズラックです。

値動きの荒い小型株のトレードを続けていても、上昇と下落の法則性は見出しづらく、再現性のあるトレードはしづらいでしょう。ルールのないところでトレードをしても、運用能力は上がりません。

まずは安定した動きをする銘柄を選び、チャートから値動きを予測できるようになることが、儲かるトレーダーへの第一歩です。

ニュースや話題によく出る銘柄はあえて投資対象から外す

10

安定した動きをする銘柄という点では、ボクは話題性やニュース性のあるものも避けています。

たとえばレーティング（格付け）も話題性のひとつです。証券会社がある銘柄に対して、投資判断を引き上げるとか下げる、目標株価といったニュースが出ますが、ボクは無視しますし、あえて投資対象から外します。

もしも目標株価 1000 円を 1500 円に引き上げるというニュースがあったとして、その根拠は証券会社の人にはわかっていても、ボクを含めて一般の個人投資家には不明です。根拠が不明な情報をボクは信じられないし、それを理由にトレードはできません。

また“目標株価引き上げ”というニュースを理由に買いが入り、株価が高騰するケースもありえます。するとチャートの形が崩れてしまい、今後のトレンドが読みにくくなることもあるのです。

○「過去最高の売り上げ」でも株価が下がることも

最近では、**任天堂**（7974）発売のゲーム「あつまれどうぶつの森」が過去最高の売り上げというニュースが出ました（2020 年 5 月 7 日）。このニュースからは株価の上昇が連想できます。

ところが 4 月中旬に 4 万円台の高値をつけ、ニュースが出ると株価は上がるどころか下がっています。一般の人に「過去最高の売り上げ」が知れ渡る前に、機関投資家や専業トレーダーたちはさまざまな情報源から、ニュースを予測してすでに買い集めているのです。

そしてニュースが出て一般の人の買いが集まったら、それを利用して、高値で売って利益確定をしてしまいます。利益確定の買いに押されて、株価が下落したと推測できます。

任天堂の例だけでなく、このようなニュースに飛びついてトレードをすると、失敗する可能性が高いと言えます。

「過去最高の売り上げなんて"いい会社"だ。買ってみよう」――そんな雑なトレードでは儲からないケースの一例です。

トレードをする前に、ボクはインターネットや新聞などでニュースを確かめています。**頻繁にニュースになっていたりネットで話題になったりしている銘柄は、あえてトレード対象から外します**。ボクにとっては話題性のある会社は、たとえ話題の内容がよくても「いい会社」ではないのです。

図04「過去最高の売り上げ」報道後に値下がりする任天堂

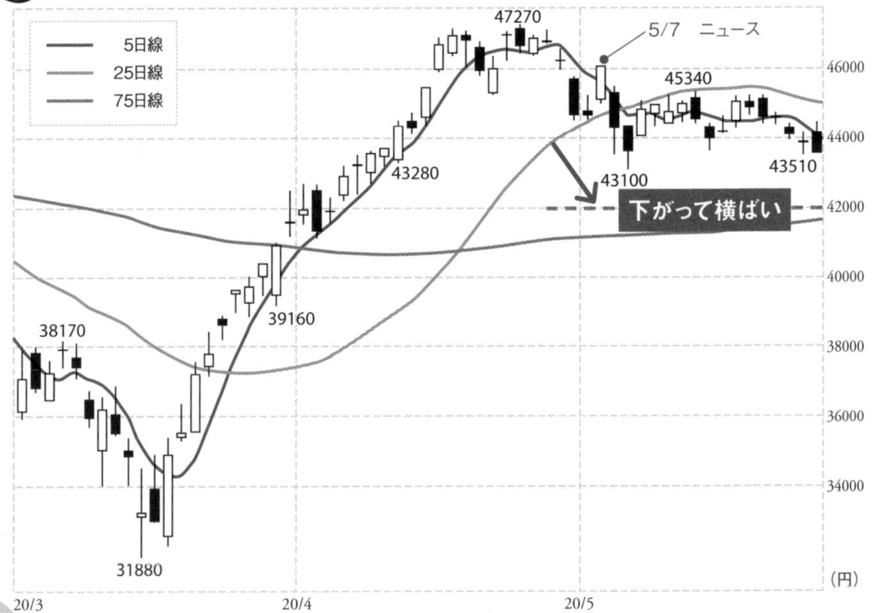

時価総額の大きい 中・大型株は乱高下しにくい 11

先ほど、時価総額の大きな中・大型株がトレードのターゲットとお話ししました。そのような銘柄は悪いニュースが出たとしても、一気に暴落することはあまりありません。

たとえば**日産自動車**（7201）。時価総額1兆7811億4200万円です（2020年9月4日現在）。

2020年2月13日、14日に通期予想を下方修正、営業利益を下方修正、さらに赤字転落、純利益79.6％の大幅減益。期末無配当と立て続けに悪いニュースが出ています。当然、株価は下落。と

図05「下方修正」を出したあとの日産自動車

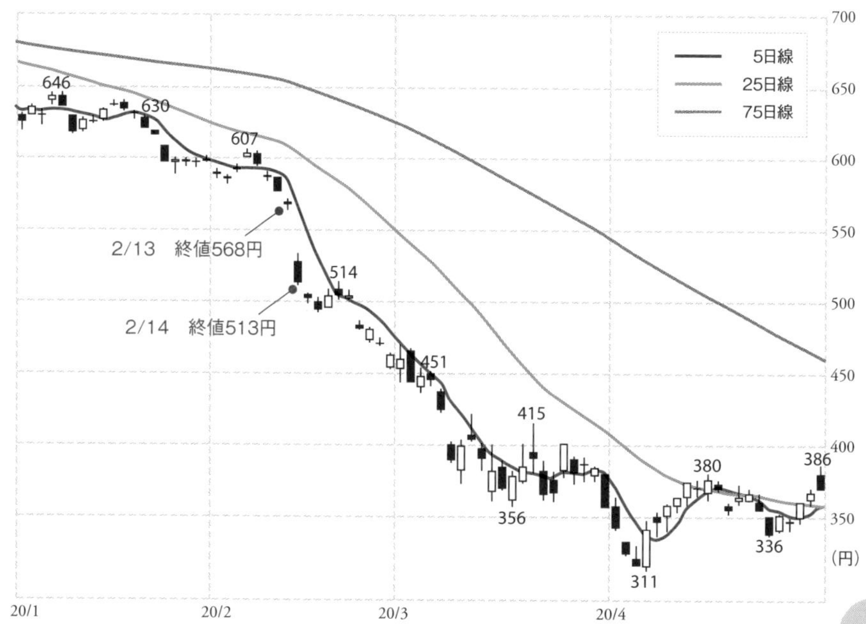

ころが、ダラダラと続落していますが、ストップ安の連続や1日で10%以上下落した日もありません。

もし、600円台で買って、悪いニュースが出て損切りをしたとしても、数%の損で済みます。

ところが時価総額が小さい銘柄だと、ニュースの内容にかかわらず乱高下する可能性が高いのです。

◯ ニュースで乱高下しやすい小型株

たとえば、話題性もありニュースにもよく登場する**ペッパーフードサービス**（3053）。立ち食いスタイルのステーキ店「いきなり！ステーキ」で業績を急成長させた企業です。東証一部上場ですが、時価総額は95億200万円（2020年9月4日現在）です。

図06 乱高下の激しいペッパーフードサービス

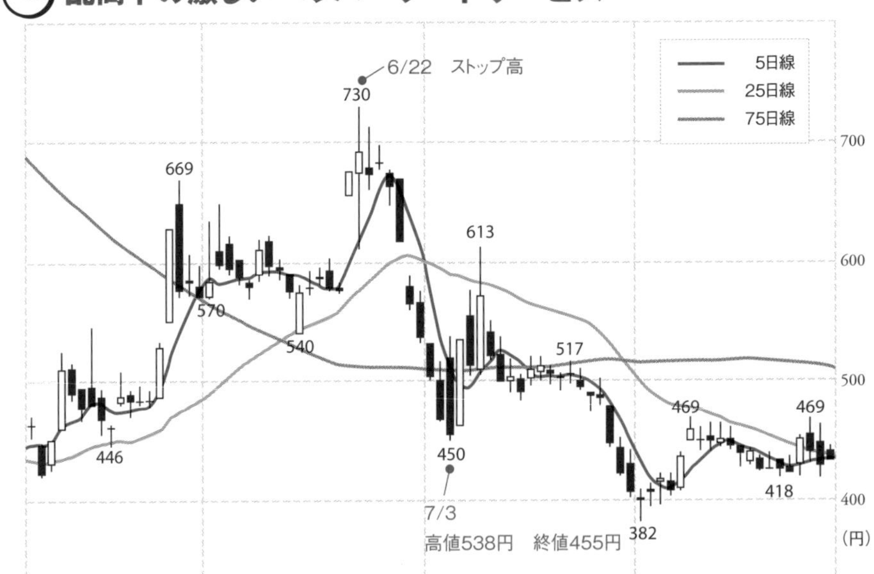

チャートを見ると6月22日にストップ高となっています。18日、同社が業績不振の「いきなり！ステーキ」を売却する方針を固めたという報道がありました。すると、その資金で財務を立て直すのではないかという思惑が、市場参加者に広まったためです。

ところが、ペッパーフード側は「そのようなことが決定した事実はない」とコメントを出し、株価は下落が始まっています。そして、7月3日に再び売却のニュースが伝わると、この日は538円の高値をつけ、終値455円という波乱の動きをしました。

このように**時価総額が小さく、なおかつ、話題性のある銘柄は株価の方向性が予測しにくい**のです。ですから、ボクはトレードのターゲットにはしません。

以上が、ボクの銘柄選びのポイントです。

次に、福井さんがどのような視点で投資銘柄を選んでいるのか、バトンタッチして話してもらおうと思います。

ファンダメンタルズでは世の中の動きを先読みする

12

ここまで、けいくんがテクニカル分析でトレードをする際、どのような銘柄を選んでいるかについて話してきました。次に、私の銘柄選びについて話していきましょう。

けいくんとは少し異なる考え方をします。大きく違うのは、私の銘柄選びはファンダメンタルズ分析が基本になりますから、チャートでトレンドを予測してトレードをすることは、ほとんどないということです。

通常、銘柄を選ぶ際には、その企業は成長性があるか、安定的に業績を上げていけるかを考え、ときには社会貢献活動をしているかといった観点から選ぶこともあります。短期売買ではなく、長期保有が基本ですから、成長性や安定的に業績が伸びるかどうかは無視できないのです。

成長性や安定感を判断するには「これから“世の中”がどう動くか？」を予測すること、いわゆる先読みすることが必要です。ここでいう“世の中”には、海外も、日本も、自分たちの身近な環境も入ります。

世の中の動きを先読みすれば、今後、成長していく業種や企業がわかってくるからです。

○ ネットメディアの視聴増から投資先を判断する

具体例を挙げてみましょう。

ここ数年、人々のテレビ離れが進んでいます。特に若い世代ではテレビよりネットメディアの視聴が年々、増えています。今後はどうでしょう？　私にはテレビの視聴者が増えるとは思えません。むしろ、ネットメディアが増えていくと思います。

テレビ業界の衰退は、数年前から予測できたことです。ですから、テレビ業界関連の銘柄に成長性があるとは思えないし、安定的に株価が伸びていくとは考えられません。

そこで注目したいのは、**Netflix**（ネットフリックス）です。ネットフリックスは本社をカリフォルニア州に置くアメリカのIT企業で、主な業務はオンラインDVDレンタルと動画配信サービス。パソコンやタブレットなどで、いつでもどこでも映画やドラマなどのコンテンツが定額料金で見放題です。このスタイルは若い世代の支持を集め、現在（2020年7月）では、世界で1億9300万人以上の有料会員が利用するほどになっています。

図07 ネットフリックスの株価の推移（月足チャート）

テレビが衰退していくのに反して、ネットフリックスはこれに代わる新たな業態が出現するまでは、今後も業績が急激に落ち込むことはなく、安定的と考えられます。

ネットフリックスは2002年、ナスダックに上場（NFLX）しています。株価は2010年2月頃までは10ドル以下。それが2020年7月頃には500ドルを超えています。約10年間で50倍以上です。直近の5年間を見ても、株価は100ドル前後から約4倍に上昇しています。

○注目の5Gからその先の6Gまでを先読み

動画配信サービスの増加、そして最近注目されているリモートワークやオンライン授業の推進から、この先、求められていくのは通信速度の速さです。それも大容量が即座に送受信できる速さが要求されるでしょう。これに応える技術が5Gです。

すでに5Gの実用化は2019年にプレサービスが始まり、22年頃までに本格的な展開が予定されています。これからも、5G関連の銘柄への注目度は高まっていくと考えられます。関連銘柄のなかで、私が注目しているのは**アンリツ**（6754）です。通信系計測器を主たる業務とする企業です。

私がアンリツを投資の対象銘柄として選ぶ理由は、この会社が5G事業に並々ならぬ力を注いでいるからです。

同社は5Gが話題になり始めた2016年4月27日発表の3月期決算短信で「5G事業への積極的投資」をすでに明言、以後、決算短信では必ず「5G」事業に言及してきました。

2020年4月27日発表の3月期決算短信にも「5Gの開発投資需要を獲得するためのソリューションの開発と組織体制の整備に注力」と記しています。

また、決算短信を読まなくても同社のホームページを開けば「5Gをリードするアンリツ」と宣言もしています。

経営陣が5Gに注力すると言い切り、成果も上げている——これがアンリツを投資のターゲットとする根拠です。

「5G関連銘柄はすでに多くの投資家が注目して、株価も高値圏だ。今さら、買えない」という声が聞こえてきそうです。

テクニカルでいえば、確かにそうかもしれません。

しかし、**長期保有を前提とするファンダメンタルズでは、まだ上昇の余地はある**と言えます。

5Gの次にくるものを考えてください。当然6Gが要求されると思いませんか？

実際に、先ほど挙げた2020年の3月期決算短信「中長期的な経営戦略及び対処すべき課題」には「2030年頃の提供を目指し6

図08 5G事業に力を注ぐアンリツ（月足チャート）

Gの検討」というフレーズが登場します。

どうでしょう？　長い目でみれば株価はまだ上昇すると予測できます。これは私の個人的なカンですが、数年後に5000円をつけてもおかしくないと思っています。

決算短信をわざわざ読まなくても――

「動画配信サービスの伸びやテレワークの推進から通信速度高速化の必要性、そこから5G需要が高まり、その先には6Gがくる！」

そんなふうに連想が働けば、銘柄の選び方につながるはずです。

世界の人口動態の推移から一生モノの銘柄を選べる

13

銘柄選びに連想を働かすという点で、もうひとつ挙げておきます。

私は銘柄を選ぶ際、**世界の人口動態に注目**しています。**人口の増減はモノの消費を左右する**からです。

国際連合広報センターは、2019年7月2日付けのプレスリリースで「世界人口は現在の77億人から2050年の97億人へと、今後30年で20億人の増加となる見込み」とレポートしました。この人口予測によると、インドが2027年には中国を抜いて世界で一番人口が多い国になり、また世界全体で高齢化が進むとしています。

私はこの人口動態から、インドを中心にアジアに市場を広げ、業績を伸長している**ユニ・チャーム**（8113）に注目しました。

ユニ・チャームは紙おむつ、介護用品などの衛生用品の大手メーカーです。衛生用品は生活必需品といってもよく、**人口が増えれば消費も増加**し、少なくとも2050年までは需要が減るとは考えにくいのです。すると、**同社の業績も安定的と予測**できます。

ユニ・チャームの配当性向を調べると2020年9月4日株価4559円で予想1株配当32円ですから、約0.7%です。2009年3月からは毎年自己株式の取得を行っています。

以上のことから、ユニ・チャームは今後も業績に期待が持て、株主にとっての利益も考えている企業といえます。

長期保有はもちろん、貯蓄として保有し続けることができる、ある意味で**「一生モノの銘柄」**といえるかもしれません。

投資テーマとして注目されているESG投資

14

次に、富裕層がターゲットにする銘柄の話もしておきましょう。

いえ、最近では、富裕層ばかりでなく一般にも注目の投資テーマかもしれません。

ESG投資という言葉を聞いたことがあるでしょうか？

ESGとはE＝Environment（環境）、Social（社会）、Governance（企業統治）の頭文字ですが、ESG投資とは、この3つのポイントに合致した企業に投資することを言います。

具体的には、省エネ、二酸化炭素の排出量削減など環境に対する配慮（E）、社会貢献、労働環境、人権問題への配慮（S）、経営の透明性が高いことなど（G）の企業が投資の対象となります。

私の顧客には、資産100億円、200億円という方も多くいらっしゃいます。その方たちは多かれ少なかれ、社会貢献できる投資をしたいという考え方をしています。

あるとき、そのような顧客の一人から投資先の相談を受けました。話を聞くと、「次世代の雇用を生む活動をしている企業」「生活を改善する研究をしている企業」などが投資先の条件でした。

この条件はESG投資の銘柄に合致します。

○投資家が好むクリーンなイメージのESG投資

話を詰めていき、最終的にはある大学のiPS細胞を研究する機関に寄付をすることになり、投資先としてはアメリカのナスダックに上場している企業で植物代替肉を製造している**Beyond Meat**（ビヨンド・ミート）を選びました。

ビヨンド・ミートが製造しているのは植物性の肉ですから、肉食に起因する疾病のリスクが軽減され、食肉牛を飼育する際に排出される二酸化炭素の削減にもつながります。この会社に投資することはESG投資と位置付けられるのです。ESGの環境面と社会面に合った投資だからです。

ではESG投資のガバナンス面を考えてみましょう。私の経験から、こんなことが言えます。

「社外取締役が3人以上、女性の取締役が1人以上いる企業のほうが株価は上がりやすい傾向がある」ということです。なぜなら、このような体制のほうが、不祥事やハラスメントなどの問題が起きにくいと考えられるからでしょう。

富裕層の間では、きれいな投資・クリーンな投資でリターンを得ようという発想が増えています。

富裕層に限らず、今後、ESG投資は投資家が好む傾向になっていくと思われます。つまり、ESG関連銘柄の株価はこれから上昇していきやすいと推測できるのです。

投資の対象として注視しておくといいでしょう。

新聞、雑誌、ネットニュースで情報を集め、投資を判断する

15

ここまで銘柄を例に挙げ、先を読んで銘柄を選ぶことが大事だとお話ししてきました。

先を読むためには、正しい情報を得る必要があります。

テクニカルではけいくんが「ニュースは無視する」と話していましたね。しかし、長期保有を基本とする私のファンダメンタルズ投資では、ニュースは無視できません。

経営者のなかには、日経新聞など日本の新聞各紙のほか、「ニューヨーク・タイムズ」「ウォール・ストリート・ジャーナル」などの海外記事も読んでいる人が少なくありません。

アメリカで今、どのような投資スタイルが流行しているのか、どのような銘柄が投資対象として注目されているのかを知るためです。アメリカでの投資動向は数ヵ月後、あるいは半年後に、日本でも反映される傾向が強いからです。

前項でお話したESG投資が話題になり、関連銘柄への投資はアメリカで流行したのち、日本をはじめ、世界にも広がっていきました。日本の新聞だけでなく海外の新聞も読んでおくと、最新の情報が得られるというメリットがあります。

○ 新聞報道と実際の株価の相反する動きに注目

新聞から情報を得るということで、ちょっとおもしろいお話があるので書いておきましょう。株価は、日経新聞の記事と反対の動きをすることが少なからずあるという事実です。

日経新聞が「景気減速で日本経済は危ない」というニュアンスの記事を掲載すると株価が上昇し、反対に「景気がいい」という記事が掲載されると株価が下落するといった現象があります。

どうやら、**悲観的な見方が広がるとそれは買いどき、楽観的な見方が大勢を占めると売りどき**らしいのです。

必ずそうなるとは断言できませんが、そのような傾向があることは実感しています。みなさんは、新聞報道と株価の動きの相反性を頭の片隅において記事を読んでみてはいかがでしょうか。

新聞以外にはこの先、どこの業界が伸びるか、どのようなモノが流行っているのか、「日経トレンディ」などの情報誌も参考になるでしょう。

また、みなさんがネット証券に口座を開いていればその証券会社から配信されてくるニュースにも目を通しておけばいいですし、

図09 新聞報道と株価の動きの相反性

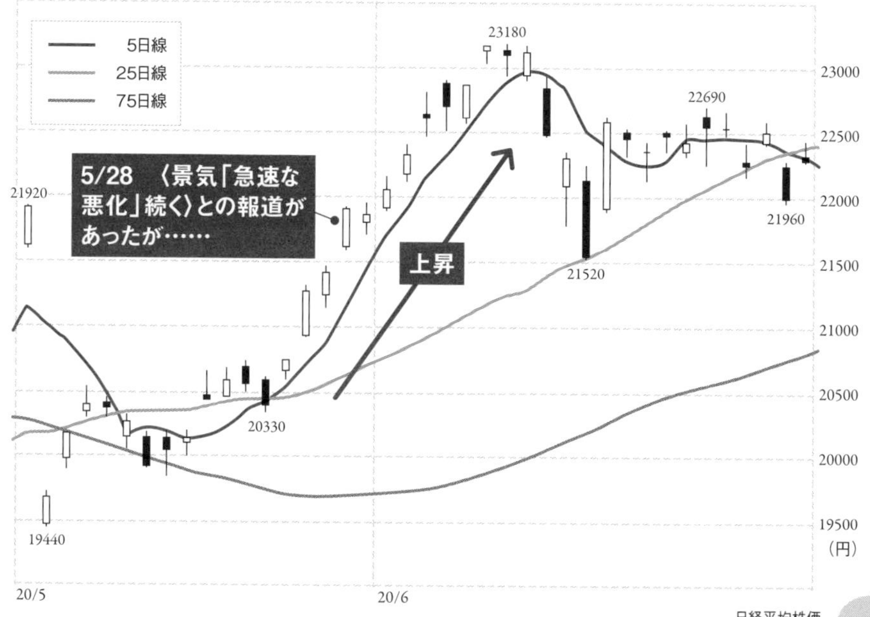

日経平均株価

Yahoo! ファイナンスのニュースも情報源になります。

○ツイッターや街ネタも投資の情報源に

ツイッターからも情報が拾えます。 **UUUM**（ウーム）（3990）というユーチューバーの制作をサポートする事業を展開している企業があります。この企業は2020年4月28日に吉本興業と資本提携したのですが、4月2日のツイッターでUUUMの鎌田和樹社長は「こんな世の中の状況を吹っ飛ばすレベルのものをちゃんと仕込んでいる。 いまはここまでしか言えないけど、今月末から5月頭くらいには発表できるかなと」とつぶやいていました。

ツイッターを読んで何かあるなと予測できます。吉本興業との資本提携発表後は2日間ストップ高をつけています。

さらに、**街を歩いていても情報は得られます。**

少し前の例ではタピオカがあります。タピオカドリンクを扱うコンビニエンスストアやショップが目に見えて増えた時期がありました。この現象を見て、「タピオカの原料を扱う銘柄はどこだろう？」と思って調べれば、**神戸物産**（3038）が浮かんでくることでしょう。そこから神戸物産の株価がどのような動きをしているのか、業績などを調べ、投資を判断すればいいのです。

投資対象を考えるとき、自分にとって身近な業界から探すのもひとつの方法です。自分がいる業界や周辺の業界が、今後どのように発展していくのか、身をもって判断できるからです。伸びる業界だと確信したら、周辺企業の株を買っていけばいいのです。

身近な業界であれば、自然と情報が入ってくることが多いでしょう。さらに投資のアンテナも張って、トレードの判断に活かしてほしいと思います。

経営者のポリシーは業績や株価にも影響を与える

16

長期投資の銘柄を選ぶ際、私は経営者の考え方を知っておくことも大切だと思っています。

経営者のビジョンは社風となって表れますし、先ほど話したESGの実現も経営者の考え方によるところが大きいからです。

アメリカにフィリップ・フィッシャーという投資家がいました。

かの大投資家ウォーレン・バフェットに影響を与えた投資家でもあり、また1955年に、まだ小さなラジオ製造業者だったモトローラの株を購入したことで有名です（2004年に96歳で亡くなるまで保有し続けました）。

フィッシャー氏は、『COMMON STOCKS AND UNCOMMON PROFITS』（邦題『株式投資で普通でない利益を得る』パンローリング）という投資のノウハウを書いた名著を残しています。著作の中で「何を買うべきか――株について調べるべき15のポイント」を挙げています（以下は、同著からの引用です）。

○株について調べるべき15のポイント

①その会社の製品やサービスには十分な市場があり、売り上げの大きな伸びが数年以上にわたって期待できるか

②その会社の経営陣は現在魅力のある製品ラインの成長性が衰えても、引き続き製品開発や製造過程改善を行って、可能なかぎり売り上げを増やしていく決意を持っているか

③その会社は規模と比較して効率的な研究開発を行っているか

④その会社には平均以上の販売体制があるか
⑤その会社は高い利益率を得ているか
⑥その会社は利益率を維持し、向上させるために何をしているか
⑦その会社の労使関係は良好か
⑧その会社は幹部との良い関係を築いているか
⑨その会社は経営を担う人材を育てているか
⑩その会社はコスト分析と会計管理をきちんと行っているか
⑪その会社には同業他社よりも優れている可能性を示唆する業界特有の要素があるか
⑫その会社は長期的な利益を見据えているか
⑬近い将来、その会社が成長するために株式発行による資金調達をした場合、株主の利益が希薄化されないか
⑭その会社の経営陣は好調なときは投資家に会社の状況を饒舌に語るのに、問題が起こったり期待が外れたりすると無口になっていないか
⑮その会社の経営陣は本当に誠実か

最後に「経営陣は本当に誠実か」という項目があります。私は、企業が成長するためには、経営陣のなかでもトップの経営者の人間性が問われると考えます。誰しも、不誠実な経営者のもとで働きたくはないでしょう。

○経営者で投資対象かどうかを判断する

私は銀行員時代から現在まで、多くの経営者と会ってきました。彼らの話を聞き、仕事ぶりを見ていると確かに“誠実さ”は重要で、そのような経営者の企業は成長するし、株価が上がりやすいことを実感しています。

ほとんどの人は経営者に直接会って話す機会はなかなかないと思います。しかし、インターネットで検索すれば経営者に関するさまざまな情報がアップされていますし、社長自身が登場して経営ポリシーを語っている動画もあるでしょう。また、企業のホームページを見れば社長の顔がわかります。

長期保有で、もしかしたら一生保有するかもしれない銘柄の経営者がどのような顔でどのような考え方をしているのか、知っておくのも無駄ではないと思います。

ここまでは、私が考えるトレードするのに「いい会社」を挙げてきました。

では最後に、けいくんに「投資をするのに“いい会社”」をまとめてもらいましょう。

赤字続きの会社でも利益が出せれば「いい会社」

17

テクニカルとファンダメンタルズを比べると、投資のターゲットを選ぶポイントが異なることを理解してもらえたと思います。

「ボク＝テクニカル」の銘柄選択のポイントは――

- **東証一部上場銘柄で、時価総額3000億円から5000億円以上の中・大型株**
- **日々の出来高が200万株以上の企業**
- **インターネットやニュースで話題になっている銘柄はトレードの対象にはしない**

そして、「福井さん＝ファンダメンタルズ」の銘柄選択のポイントは――

- **トレンド、人口動態、ニュースなどの情報に敏感になり世の中の先を読む**
- **経営者の考え方を知って投資を判断する**

ということです。

この章の冒頭で「いい会社」の定義と言いましたが、今挙げた銘柄選択のポイントを満たす企業が、「投資するのに“いい会社”」と言えます。

もう少し、テクニカルとファンダメンタルズのトレードに対する考え方の違いを話しておきましょう。

ファンダメンタルズ分析で、将来的に伸びていく「いい会社」があったとします。当然、トレードでは買いでエントリーします。

しかし、株価は上げ下げを繰り返します。

下がったときでも、ファンダメンタルズでは「いい会社」の条件が崩れていなければ買い増しをするか、保有を続けます。

ところが、テクニカルでは、ここでトレンドが下落に転換したと予測したら、手じまいをするか、売りを入れていきます。

また、ファンダメンタルズ投資では、「いい会社」と判断できるポイントがひとつか２つしかない銘柄では買う対象にはなりにくく、買いエントリーすることはほとんどないでしょう。

○ 赤字続きでも、テクニカルでは「いい会社」

ところが、成長性がなく、赤字が続く会社でも、上場廃止にでもならなければ、株価が下がり続けてもゼロになることはなく、どこかで上昇に転じる動きを見せるはずです。

その動きをとらえて売買するのが、テクニカル投資です。

ファンダメンタルズでは買えない銘柄でも、テクニカルでは買って利益を出すことができます。するとファンダメンタルズでは「いい会社」ではなくても、テクニカルでは「いい会社」になるのです。

たとえ**赤字続きの会社でも、ボクの考え方ではトレードで利益を出せれば、それは「いい会社」**です。

第３章からは、ボクの投資メソッドを紹介していきますが、エントリーだけでなく手じまいのタイミングも重視して解説します。

どこで「売買を発注＝エントリー」すればいいか、そのタイミングを判断するのも難しいと思いますが、それより、どこで「利益を確定して決済＝手じまい」するかのほうが悩ましいと感じている人が多いのではないでしょうか？

第３章では根拠のあるエントリーと同様、根拠のある利益確定について理解を深めてほしいと思います。

column 2

株主名に注意すると暴落しにくい銘柄が判断できる!?

『会社四季報』などで企業の業務内容や業績を調べるときには株主にも注目しましょう。**株主名に「日本マスタートラスト信託銀行」「日本カストディ銀行」**（「日本トラスティ・サービス信託銀行」「資産管理サービス信託銀行」「JTC ホールディングス」の３社が合併）という名称があったら、少し注意が必要です。

この２行はメガバンク、信託銀行、生命保険会社などが共同出資している信託銀行で、資産は１行で数百兆円。日本年金機構や日銀が投資しているETF（上場投資信託）を含む投資信託などの運用を任され、巨額の資金が株式市場に流れ込んでいることになります。

企業の株主名にこの２行の名があったら、日本年金機構や日銀がかなりの株数を保有している銘柄なんだなと推測できます。**日経平均株価の採用銘柄は、ほとんどこの２行が株主に**なっています。

このような銘柄は円高や円安、また、2020年のコロナショックのような、何かの要因で株価が暴落すると株主である２行が資金を市場に供給して買い支えることがあるのです。そこで暴落しにくい、また一時的には暴落しても元に戻りやすい銘柄と考えられます。

しかし、日経平均株価が高騰すると利益を確定するために２行は大量の持ち株を売ってきます。一度に売ると市場への影響が大きいので、毎日、影響を与えない範囲で売り続けるわけです。すると株価が下落トレンドになることもあるのです。

気にしすぎる必要はありませんが、２行が株主になっている銘柄を売買するときや、保有しているときには日経平均株価の動きにも注意しておくといいでしょう。

第3章

儲かるトレードで大事なこと

トレードで難しいのは利益確定のタイミング

18

第２章では銘柄の選び方についてお話ししてきました。ここからは、いよいよ実戦編です。

トレードして儲かる「いい会社」を選んでも、トレードの手法が間違っていては、利益を上げるどころか損を出す結果になりかねません。トレードの手法――それは“エントリーと利益確定のタイミングを逃さない”手法です。

ところで、みなさんのなかには、エントリーより利益確定をするタイミングが難しい……。そう感じている人は多いのではないでしょうか。たとえば、こんな経験はありませんか？

「1800円で買った銘柄が1900円を超えてきた。2000円になったら利益確定しよう」

でも、このときの“2000円”の根拠は何でしょう？

明確な根拠がない「なんとなく」が多いかもしれません。すると、以下のような間違いを起こすことがよくあります。

1900円を超えた株価は、さらに上昇し1950円に到達。こうなると2000円への期待で頭がいっぱいになってしまいます。ところが、株価は1950円のあたりでウロウロ。1950円を超えられずに徐々に下落。気がつけば1900円に。さて、ここで手じまいしても1800円で買ったので100円の利益があります。

ところが、不思議なことに一度、1950円に達したのを見て、2000円までいけると思ってしまった体験が、1900円で決済しては損だと感じさせてしまうのです。

実際は利益が出ているのに、なんだか損したような気になってしまう。不思議な心理です。そういう心理からか、再び 1950 円をつけるまでホールドしようという考えが湧いてきます。すると株価は続落、1900 円を割り、あげくの果てに買値にまで下がる——そんなことがありえないとは言えません。

みなさんのなかには「自分のことを言われているのか」とドキッとした人がいるかもしれませんね。

例に挙げたケースでは 1950 円を超えなかった理由として、節目、「前の高値」など……が考えられますが、この項目についてはこれから順を追って説明していきます。

ここで言いたいこと——それは**トレードではいかに根拠のある「出口戦略＝手じまい」が大切か**ということです。

図10 値段の推移と損した気分になる心理

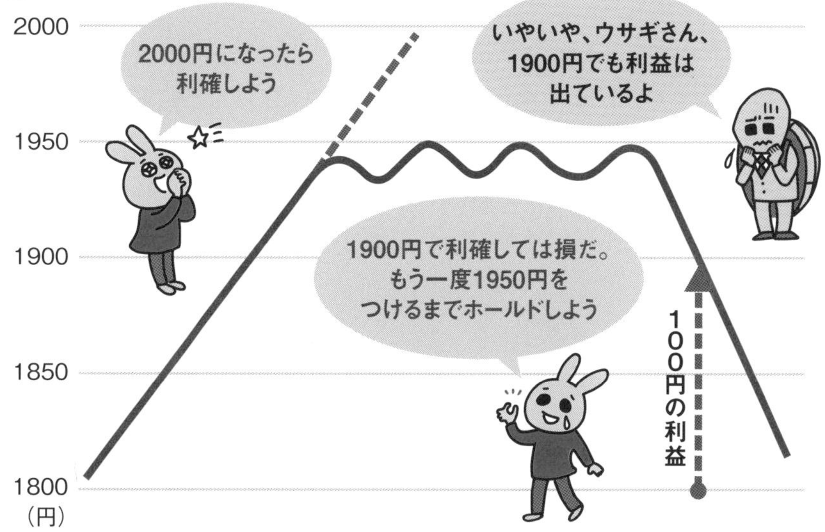

株価は8%と4%の値幅で上げ下げを繰り返す

19

ここまで株価1800円で買った株が1950円に達すると1950円前後で上げ下げを繰り返し、やがて下落していったという例をお話ししました。

この例でみなさんに覚えておいてほしいことは**「株価は上下を繰り返す」**ということです。当たり前のことかもしれませんが、これをきちんと理解している人が意外に少ないのです。

上昇し続ける株も、下落し続ける株もありません。

では、どのくらいの幅で株価は上下しているのでしょう。ボクは**東証一部上場の大型株数百銘柄の値動き10年分のチャート**を調べてみました。その結果、以下の動きをしている銘柄がかなりあることがわかりました。

- **約8%上昇して約4%下落する**
- **約8%下落して約4%上昇する、あるいは約8%上昇する**

つまり、**たいていの株価は約8%以内で変動する**と言っていいでしょう（コロナショックのような不測の事態は除いて）。

株価が1800円なら、その8%は144円。つまり、1944円まで上がれば、それ以上は上がりにくく、いったんは下落してもおかしくないのです。144円以上は上がりにくいということです。とはいえ、ときにはいきなり10%以上も上昇することはありますし、反対に10%以上、下落することもあります。

しかし、これは年に数回の動きです。2020年はコロナショックのせいで日経平均をはじめ、暴落、高騰する銘柄がいくつかありましたが、こんなのは不測の事態。毎年起こることはまずないでしょう。

ときには空売りをしていて、**暴落で大きな利益を得た、あるいは買いを入れていたら、好決算で高騰した**——なんていうこともありますが、**これは単なるラッキー**だと思ってください。

投資家のなかには、暴落・高騰を予測してトレードしているという人がいるかもしれませんが……。本当に儲かっているかはちょっと怪しいものです。

初心者はそんな暴落・高騰狙いのギャンブルのようなトレードは目指さないでほしいと思います。

株価は8%で上下する——これが現実です。この8%をコツコツと取っていくトレードができるようになってほしいと思います。

図11 株価はだいたい8%で上下する

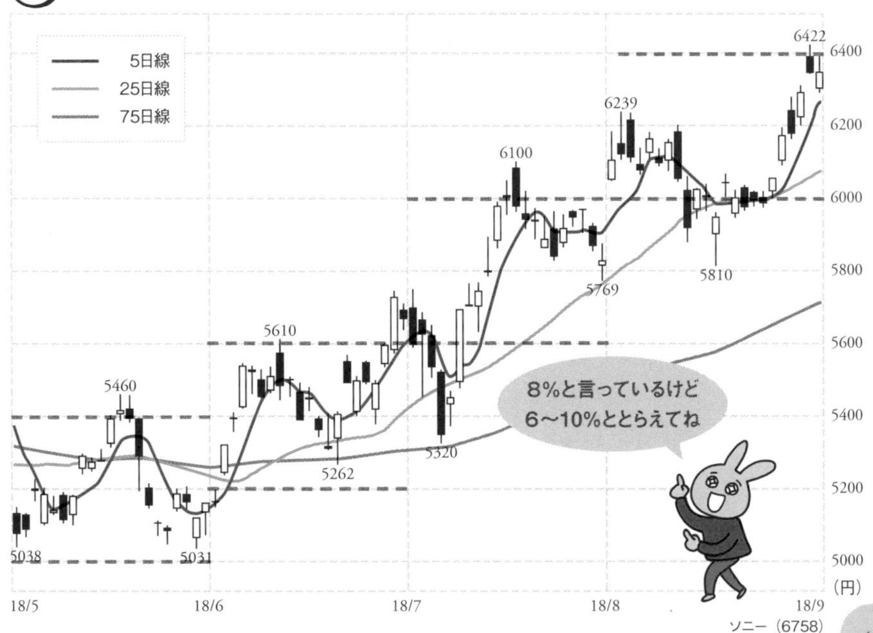

目指すはコツコツと利益 8%を積み重ねていくトレード

20

8%ということは株価が 100 円なら 8 円の利益です。

「そんな程度の利益じゃ稼げない！」

そう反論する人がいっぱいいます。

でも、**コツコツと利益８%を積み重ねていくトレードを繰り返していくと、トレード９回目には資産倍増**がかないます。

67 ページの図 12 を見てください。

８%の利益を達成して、元手が８%増えた状態で次も８%の利益を達成して……というのを繰り返していくと、３回目には元手が25%増、６回目には元手が 50%超えに増え、９回目にはほぼ倍額になります。

○ 100万円の運用資金からでも億を稼げる

ボクはトレードを始めた 2007 年、ビギナーズラックで元手 50 万円を 600 万円にしました。当時、iPhone が発表され、ひらめくものがあったボクは iPhone に関連する液晶画面メーカーの株を買ったのです。そして次に 600 万円を元手に再挑戦しようとしたときには、まったくひらめきは訪れませんでした……（ひらめきには再現性がなかったということです）。

というわけで、ボクがトレーダーとして駆け出しの頃の運用資金は 600 万円。でも、600 万円で自分の１年間の生活費を稼いでいくというのは、やってみるとかなりきついです。ボクはいろいろな資金配分を試してみた結果、**600 万円のうち 400 万円は必ず貯金で残しておいて、200 万円で運用する**というやり方に落ち着きました。

ただし、200万円を全額投資につぎ込んでしまうと、いざというときに買えないので、**半分の100万円を実際の運用資金に、もう半分は購入資金**として取っておいたのです。

ボクは100万円を使って、コツコツと8%の利益を狙う運用を繰り返しました。できるだけ利益を次の投資資金に回していき、その結果、今では株式投資だけで1年間に1億円を超える利益を生み出しています。

銘柄のなかには一気に40%値上がりする銘柄もあるかもしれませんが、それはいつになるかわかりません。エスパーでない限り、普通の人はまったく読めません。

それよりも、8%の変動を繰り返す銘柄を狙ったほうが、利益を得る確実性は高いのです。

図12 元金100万円を福利8%で運用すると

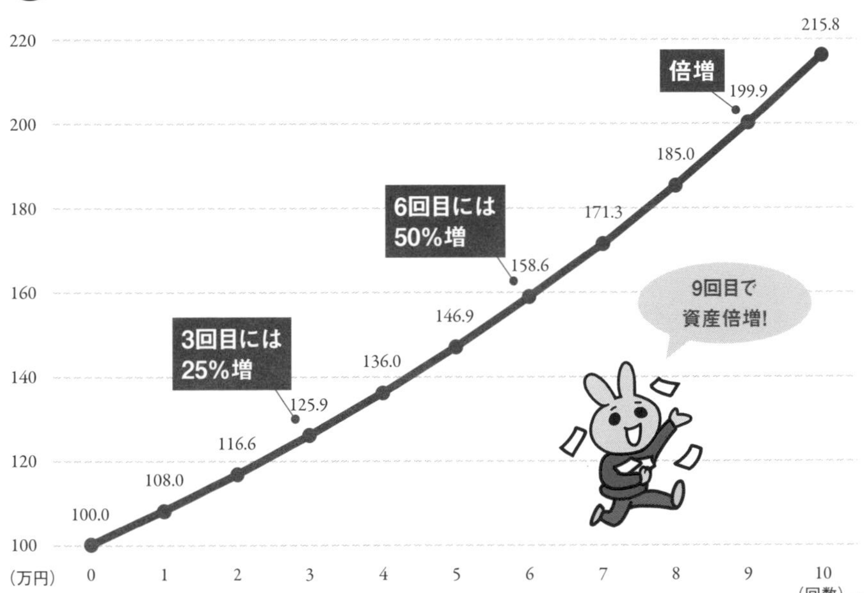

○ 実際は利益が出ていても損した気分になる心理

もう一度、話を63ページの例、利益が出ても損した心理に戻します。

1800円で買いエントリーしたら、ボクは約8%上がった1950円を「出口」と決めています。そして、出口を決めたら、よほどの根拠がない限り、そこで利益確定の手じまいをしています。1950円になったからといって、2000円は目指しません。

何度も言いますが、**8%を積み重ねるのがボクのトレード**なのです。

ですから、この章でレクチャーするトレードの手法は決して、暴騰・暴落を期待して大きく利益を取る手法ではありません。ある意味、地味で堅実に利益を稼いでいくメソッドです。

ここで断っておきたいことがあります。ここからはチャートを使ってテクニックを解説していきますが、ローソク足、移動平均線といったテクニカル分析で必ずといっていいほど利用される指標については本書では説明は省きます。

もう、みなさん、よくご存じだと思いますし、基本的なテクニカル指標ならインターネット上で簡単に調べられるからです。

「上昇」「下落」「横ばい」のトレンドを予測していく 21

株価は上昇、下落を繰り返すとお話ししてきました。

トレードは、**この上昇・下落トレンドにうまく乗れるかどうかで、利益が出るか損が出るかが決まる**といっても過言ではないでしょう。トレンドを利用するためにはターゲットに選んだ銘柄の株価がどのトレンドにあるのか、そしてこれからどう動くのかを予測する必要があります。

株価は上昇中と予測できれば買いを入れ、上がったところで手じまいして利益確定、下落中と予測できれば空売りを仕掛け、下がっ

図13 上昇で買い、下落で空売り

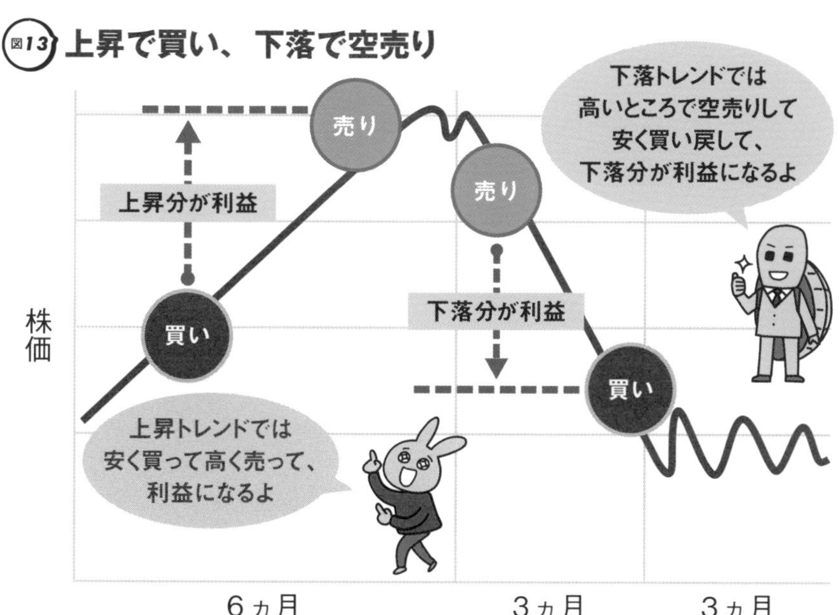

たところで買い戻して利益確定すればいいのです。

このような株価の動きをトレンドといいますが、トレンドには上昇、下落のほかに、**一定の値幅の間を株価がうねうねと上下する「横ばい」**という局面があります。

そして、この3つのトレンドには周期があります。ボクの経験からは、**だいたい「6ヵ月上昇したら3ヵ月下落」「3ヵ月下落したら6ヵ月上昇」「横ばいは3ヵ月」**という周期があることを実感しています。この周期はローソク足チャートの月足（1ヵ月単位のローソク足）を見るとわかりやすいです。

○ 3つのトレンド+4つのサインで高精度のトレードを

このような周期を目安に、今後もそのトレンドが継続するか、そろそろ転換するかといった「大枠」を判断するといいでしょう。特に**横ばいが続いているときにはその後、上に行くか、下に行くかを予測できれば、トレンドの初動で売買ができ、大きな利益が期待**できます。

とはいえ、周期だけでは精度の高いトレードはできません。

トレンドの継続や転換を判断するには、ターニングポイントとなる4つのサインがあります。そのサインを見つけ、トレンドを判断してトレードに活かせばいいのです。かなり成功率の高いトレードが可能になります。

そのサインとは**「前の高値・安値」「節目」「移動平均線」「新値更新5日」**です。

○ なぜ、チャートには山の頂上ができるのか

では、さっそく「前の高値・安値」から説明しましょう。

チャートを見ればチャートには山があり、谷があるのがわかりま

す。山の頂上が高値、谷底が安値です。

チャートは投資家の売買の結果を表しています。そこで、なぜ山の頂上ができたのかを投資家の行動から考えてみましょう。

上昇トレンドの初動、つまり山の下のほうで買っていた投資家は上昇がある程度続くと、そろそろ天井かなと考え、利益を確定するため手じまいを始めます。そんな利益確定の売りが増えてくると、「このあたりが天井だな」と考え、空売りで儲けようという投資家が売りを入れ始めます。しかし、投資家のなかには「まだ上がる」と思って買う人もいます。

こんな動きが起きてくると売り買いが交錯して、ついに買い注文より、売り注文が多くなり、株価は下落していきます。

売り勢力が買い勢力を圧倒したのが「山の頂上＝高値」です。

では、谷底ではどのような動きがあるのか考えてみましょう。

図14 売り勢力が買い勢力を圧倒した「山の頂上」

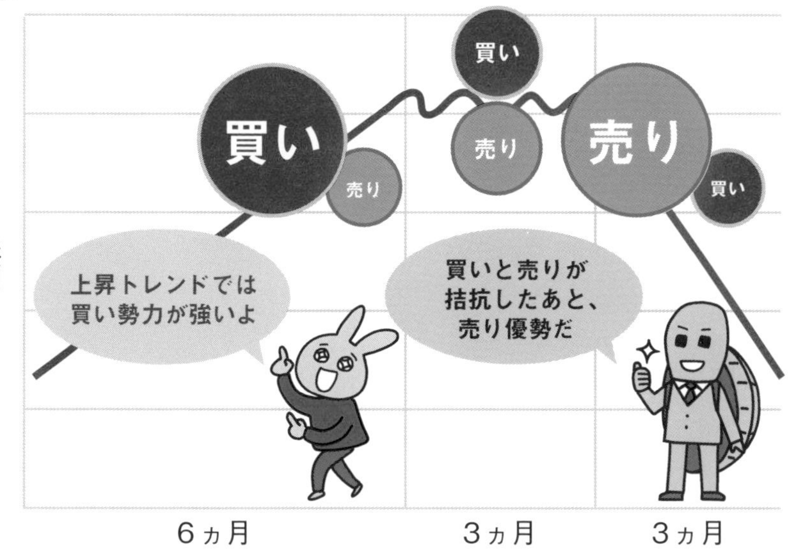

○チャートの谷底で働く投資家心理

下落が続くと「これは安い」と考える投資家が現れ、買い注文を入れ始めます。さらにこの動きに同調する投資家が増え、段々と買いが集まってきます。

すると、空売りをしていた投資家はそろそろ下落トレンドも終了と考え、手じまいの買い戻しをします。そうなると買いが買いを呼び、株価は上昇に転じ、「谷底＝安値」ができるのです。

買い勢力が売り勢力を圧倒したのが「谷底＝安値」です。

さて、上昇トレンドにある株価が、前の高値まで続伸したとしましょう。ここを狙って待っているのは、以前、高値で買ったものの株価が下落してしまい含み損を抱えている投資家です。彼らは損出を回収するために売り注文を出し、売り注文が増えてくると、今度は空売りで儲けようとしている投資家の売りが加わります。

図15 買い勢力が売り勢力を圧倒した「谷底」

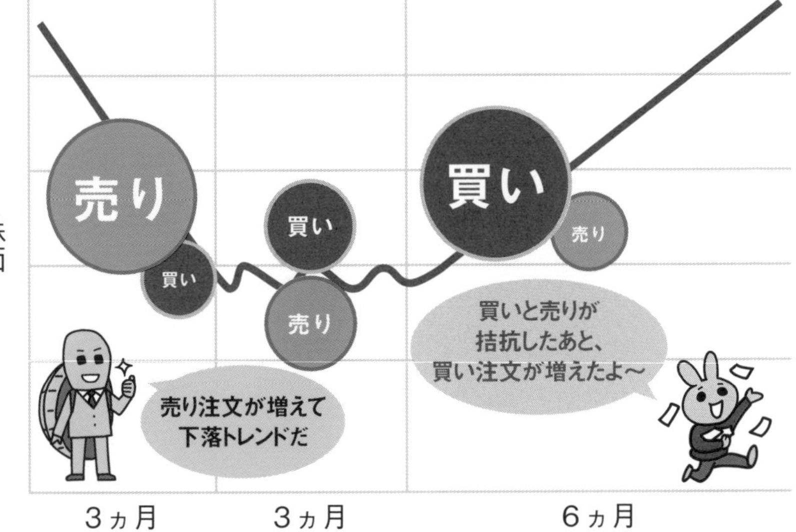

○ 前の高値は抵抗ライン、前の安値は支持ラインに

含み損の回収や売り注文の増加で買い勢力より売り勢力が強くなると、株価はなかなか高値を抜けなくなります。

ですから、上昇トレンドでは、**前の高値は上昇の抵抗（レジスタンス）ラインに**なりやすいと言えます。

谷底の安値でも同じことが起こります。前の安値で空売りをしたら、上昇に転じてしまい、損出を抱えている投資家は損を解消しようと買戻しを入れ、それに安いから買おうという投資家の買いが加わり、株価は下落から上昇に転じやすくなります。

ですから、下落トレンドでは**前の安値は下落を止め、株価を支える支持（サポート）ラインに**なることが多いのです。

図16 前の高値と前の安値を超えられるか

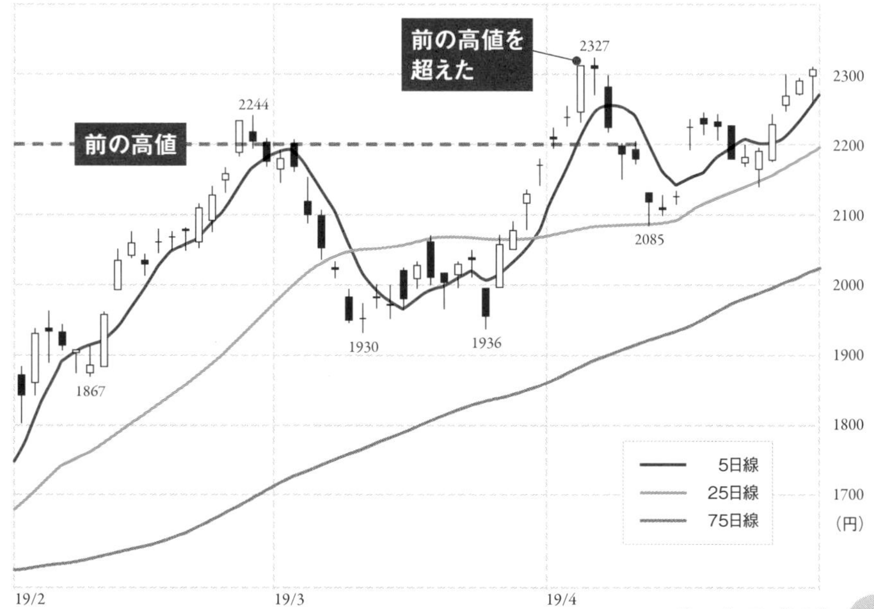

ベネフィット・ワン（2412）

前の高値・安値に近づいたら値動きを確認してトレード

22

　前項で、前の高値・安値はレジスタンスライン・サポートラインとして機能することが理解できたと思います。レジスタンスラインとサポートラインは、トレードに活かすことができます。

　たとえば――保有している銘柄の株価が続伸して**前の高値に近づいたら、そろそろ天井と考え、利益確定の手じまい**を考え、次に空売りの準備をしてもいいでしょう。

　また、空売りを仕掛けた株が続落して**前の安値に近づいたら、そろそろ底値圏と考え、買い戻して手じまい**。次に買いエントリーを考えてもいいでしょう。

　でも、これはあくまで「教科書どおり」に株価が動いたパターンです。実際には前の高値・安値に届いたからといって、すぐに売買注文を出してはいけません。

　株価がレジスタンスラインやサポートラインを抜け、上昇や下落に弾みがつくことがあるからです。「高値でも買いたい！」という投資家が多ければ買い勢力が旺盛になり、買いが買いを呼び、高値を突破してさらに上昇することがあります。

　同様に底値圏でも、「安値でも売りたい！」という人が多ければ、売り勢力が買いより勝り、さらに下落していくことがあるからです。

　株価が前の高値に近づいたら、売買をする前に高値を抜くか、跳ね返されるか、ちゃんと確認して、高値を抜いたら買い、跳ね返されたら売りという判断を下しましょう。

　レジスタンスライン、サポートラインを手掛かりにするトレードは横ばい局面でも使えます。

○ 一定の値幅で株価が上下する「横ばい」の場合

たとえば、株価が2000円と1900円の間で行ったり来たりしている横ばい局面があるとします。この場合、2000円が上値でレジスタンスライン、1900円が下値でサポートラインと判断できます。

このような**横ばいは、売りと買いの勢力が拮抗**している場合に起こりやすい局面です。ですから、**どちらかの勢力が少しでも勝ると、上昇あるいは下落へとトレンドが転換**してしまいます。

横ばいが永遠に続くことはまずありません。おおむね3ヵ月ほど続いたら、上昇か下落かどちらかに転換しやすいと言えます。

上下どちらに動くのかの判断は、レジスタンラインあるいはサポートラインを抜けるか、反発するかで推測できます。横ばい局面でも、上値あるいは下値を抜けるかを見極めてから、売買しましょう。

図17 横ばい局面では上値と下値を抜けるか確認

アンリツ（6754）

節目や移動平均線で売買のタイミングを判断

23

チャートの山や谷を形成する要因には、「節目」があります。節目というのはキリのいい株価と思ってください。

950円、1000円、1500円、2000円……などという株価です。

人はキリのいい数字というのは意識してしまうもの。

「2000円になったら利確しよう」

「1000円まで下がったら買ってみよう」

そんな投資家心理が働いてしまうのですね。

ですから、節目がレジスタンスラインになったり、サポートラインになったりすることは珍しくありません。すると節目でトレンドが転換するケースもあるのです。**株価が節目に近づいたら、節目を突破するかしないかを確認してから、売買**を決めましょう。

○ 移動平均線の並びと向きでトレンドを判断

次に、移動平均線でトレンドを判断する目安について話します。

基本的な移動平均線には、5日線（短期）、25日線（中期）、75日線（長期）があります。移動平均線とは、ある期間の株価の終値で平均値を計算し、その平均値を結んだものです。5日線であれば、過去5日間の終値の平均値から算出します。

移動平均線は、**上昇トレンド**のときには上から、

・**5日線＞25日線＞75日線と上向きに**並び

下落トレンドのときには上から、

・**75日線＞25日線＞5日線と下向きに**並びます。

なお、横ばい局面では株価が上に抜けるか、下にいくか方向感がなく、もみ合っている状態なので移動平均線も平坦に近く、絡み合っていることが多く見られます。

ボクは、横ばい局面などで**中期（25 日線）と長期（75 日線）の間にローソク足がある局面では売買をしない**ことにしています。株価が上がったり下がったりして、どちらに動くか不明だからです。

横ばいからトレンドが転換するには、移動平均線の位置が変化していく動きが予兆としてあります。

上昇に転じるには、5 日線が一番上にいく必要があり、5 日線が 25 日線を下から上に抜いたら、トレンド転換です。反対に、**下落に転じるときには 5 日線が 25 日線を上から下に抜いたら、トレンド転換の始まり**と予測できます。

図18 5日線が一番上に抜けて、上昇トレンドに転換

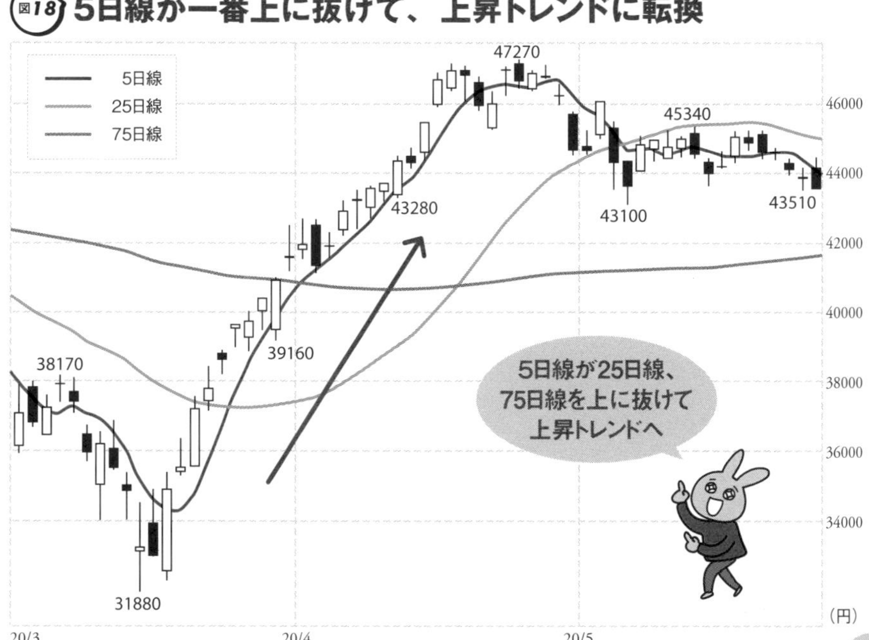

価格帯別出来高で その銘柄の適正株価を知る

24

ボクはエントリーする際には、**価格帯別出来高**にも注目しています。

株価には、その銘柄の業績に見合う適正な額があると思っています。適正な株価については、PBR（株価純資産倍率）やPER（株価収益率）といったファンダメンタルズ分析で判断する方法もあるかもしれませんが、ボクは**価格帯別出来高で判断できる**と考えています。

できれば、チャートに価格帯別出来高を表示してみましょう。

図19 価格帯別出来高もチェック

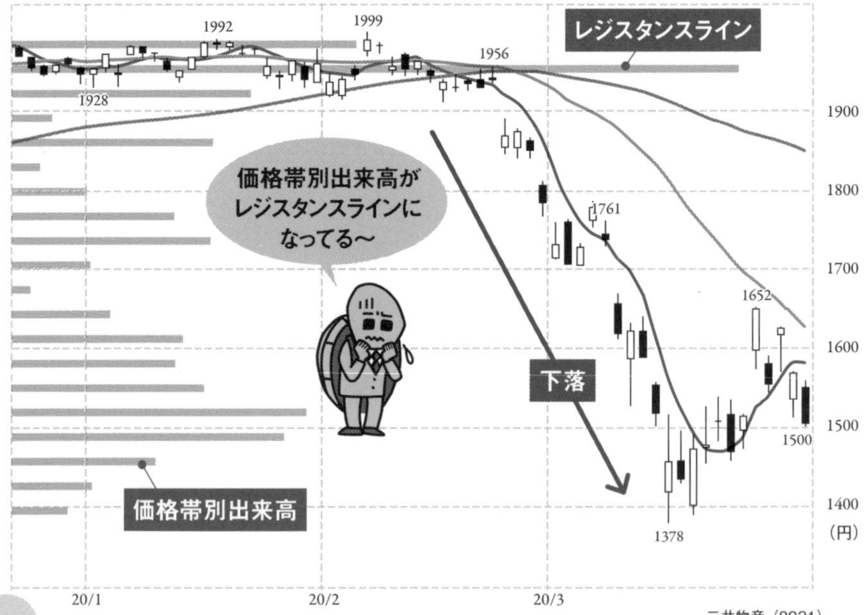

三井物産（8031）

価格帯別出来高とは、過去の一定期間において売買が成立した株数を価格帯ごとに表示したものです。株価チャートによりますが、チャートの横に棒グラフで表示されます。

価格帯別出来高の棒グラフが高いと、過去にそこで売買をした投資家が多かったことを意味します。価格帯別出来高は投資家が売り買いの注文を出し、売買が成立した結果です。もっとも出来高の多い価格帯はもっとも多くの投資家が適正な額だと判断した結果と言えます。ですから、**価格帯別出来高がもっとも多いところがその銘柄に対する適正な評価、つまり適正な価格**だと思うのです。

その**適正な価格より、現在の株価が安ければ買い、高ければ売ればいい**というのがボクのトレードの原則です。

出来高の多い株価はその銘柄の適正な額ですから、その株価はあるときにはレジスタンスラインにもなり、あるときにはサポートラインにもなりえます。

前の高値・安値と同じ考え方です。ですから、**上昇してきた株価が、価格帯別出来高が多い価格を抜ければ上昇に弾みがつくし、抜けられなければ下落へと転換**していくことがよくあります。

○価格帯別出来高がレジスタンス・サポートラインに

たとえば1950円がもっとも出来高の多い価格帯で、その上の株価の出来高はかなり少ないとします。**出来高が少ないということは1950円以上で買った投資家はあまりいない**ということです。

さて、株価が上昇して出来高の多い1950円をつけたものの、そこを抜けなかったとします。**1950円の価格帯に出来高が多いものの、株価はそこで天井をつけ、下落している局面**です。それは買ったはいいが、それ以上に株価が上がらず、利益が出ていない投資家が多いとも考えられます。そんな投資家は「買値に戻った」とばかりに売り注文を出してきます。上昇に勢いがなく、売り勢力に負けてしまうと株価は下落していきます。

その反対もあります。株価が上昇して出来高の多い1950円を抜く場面です。ここからは、以前に1950円以上で買ったものの株価が下落したため含み損を抱えているという投資家は少なくなっていきます。すると売りも少量になっていきます。「買値に戻ったから、処分しておこう」という投資家が少ないためです。そんな局面で買いが入れば、買いが買いを呼んで株価は上がりやすくなり、上昇に弾みがつくと言えるのです。

出来高が多い価格帯が、前の安値・高値、節目だったりするとレジスタンスライン・サポートラインとしての機能が、より高まると考えていいでしょう。ですから、価格帯別出来高が多いか少ないかにも、注意してほしいと思います。

ここまで、主にエントリーする際に売買を判断するテクニカルの手掛かりを話してきました。当然、エントリーしたら、どこかで手じまいをして、利益を確定するのが普通のトレードです。しかし、「どこで決済するか＝利益確定するか」に頭を悩ませる人は少なくないのではないでしょうか？

出口に迷ったら使えるのが、次で紹介する「新値更新5日」です。

エントリー後の利益確定は「新値更新５日」で決める

25

上昇も下落も、永遠に続くことはありません。どこかで終わりを迎えます。**上昇や下落の終わりを判断する目安**となるのが、**新値更新５日**です。

新値更新５日を説明すると——

- 株価の上昇が始まり、**高値を更新する陽線のローソク足が５本続くと上昇が終わりやすい。**
- 株価の下落が始まり、**安値を更新する陰線のローソク足が５本続くと下落が終わりやすい。**

絶対ではありませんが、経験上、精度の高い目安と言えます。

図20 新値更新5日の数え方

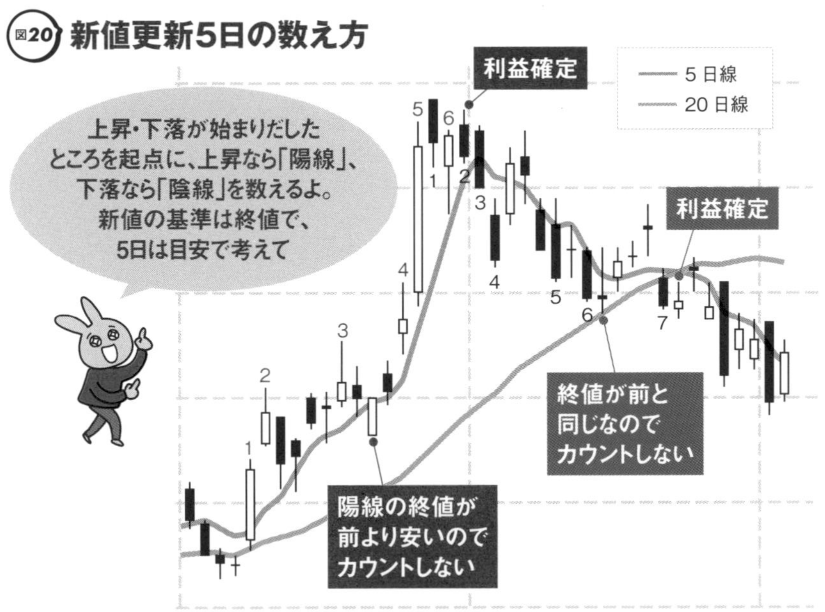
上昇・下落が始まりだした
ところを起点に、上昇なら「陽線」、
下落なら「陰線」を数えるよ。
新値の基準は終値で、
5日は目安で考えて
利益確定
5日線
20日線
利益確定
終値が前と
同じなので
カウントしない
陽線の終値が
前より安いので
カウントしない
1
2
3
4
5
6
1
2
3
4
5
6
7

数え方ですが、ローソク足の陽線、陰線をカウントします。連続したローソク足である必要はありません。上昇なら陽線の間に陰線が挟まってもかまいません。ただし、その陰線が終値で前日の陽線を下回ったら、カウントはそこで終わりです。

下落でも、陰線の間に陽線が挟まってもOKです。ただし、陽線が終値で前日の陰線を下回ったらカウントはそこで終わりです。

ボクはエントリー後の出口を考えるとき、新値更新５日を目安にしています。買いでエントリーしたら、新値更新５日後に陰線が出たら手じまい。売りで入ったら、新値更新５日後に陽線が出たら買戻しして、決済します。

新値更新５日は、**上昇下落の終わりを判断する目安**です。ボクは、下落の終わり、上昇の終わりを「新値更新」で確認してから、次に買いや売りのエントリーをするようにしています。

図21 エントリーの入り口も出口も「新値更新5日」で決める

ベネフィット・ワン（2412）のチャートで説明しましょう。

2019年3月は安値1930円台、高値が2000円ほどで横ばいになっています。横ばいの前には、下落で新値更新4を数えています。「下落→横ばい」、次に大きな陽線のローソク足が立って上昇すると考えて、ここで買いエントリーです。そして新値更新5日を数えていきます。途中、陰線が出ましたが、終値で前日の陽線を上回っているのでカウントを続けます。2327円をつけ、この日は陰線で引けました。**陰線が出たら決済と決めているので翌日、利益確定**をします。

○ 新値更新5日はエントリーにも使える

もちろん、新値更新5日はエントリーにも使えます。

たとえば、**横ばいトレンドの株価が新値更新5日になりそうな**

図22 新値更新5日後にエントリーした例

ニチレイ（2871）

ら、そろそろ上値か下値に到達すると考えます。それまで上昇していたのなら次は下落と考えて、空売りの準備をします。下落していた株価が新値更新５日になりそうなら、そろそろ下値に到達すると考え、買う準備をします。

ニチレイ（2871）のチャートで説明します。

ニチレイもほかの多くの銘柄と同様に、コロナショックで３月の中盤に底値をつけました。底をついた2281円の安値の日が陽線です。ここから上昇に転じています。６日分の陽線を数えて、高値3155円の日にコマのような陰線が出ました。**新値更新５日目以降の陰線なので上値圏**と考え、**この日に売りエントリー**です。

特に時価総額の大きい銘柄ほど、連続して長くは上がりきらずに８割方は下がります。なぜなら、時価総額が大きい銘柄ほどより多くの投資家が参戦し、多くの市場参加者の総意で株価が決まっていきます。一時的に下げたら「下げすぎじゃない？」と思う人が現れ、一時的に上げたら今度は「上げすぎじゃない？」と思う人がいて、また一時的に下げたら「下げすぎ？」と思う人が現れます。

一時的に上がった銘柄は、一時的に下がる可能性も高いのです。そこで、ボクは「長く売りを持たない」という判断をし、エントリー後に３本の陰線を数えて（新値更新５日は待たずに）、手じまいをしました。

3055円のときに空売りをして、2852円で利益確定です（ともにその日の終値ベース）。結果は203円の利益で、７％近い利益率です。３日で利回り７％なので資金効率はとてもいいです。

この新値更新と、前の高値・安値など、ここまで説明してきたトレンド転換のサインが重なると精度はぐっと上がります。

買って保有中に下落が始まったら「勝てるナンピン」をする

26

さて、株価はときには予測と異なる動きをします。もっとも、初心者にしてみると、予測通りの動きというケースのほうが少ないかもしれません。買いエントリーしたら、予測以上に上がった、空売りしたら暴落した……など、利益が上がるほうに予測が外れれば問題ないのですが、その逆もあります。

そんなときには、即撤退を考えましょう。

○予測が外れたら潔く撤退を

前に株価は**「約8%上昇して約4%下落する」**あるいは**「約8%下落して約4%あるいは約8%上昇する」**と言いました。

上昇トレンドだと判断して買ったのに、そこから下落が始まり**4%も下落したら、それは判断が間違っていた証拠**です。そんなとき、ボクは、ためらわずに損切りをしてリセットします。

明日は上がるかもしれないなどと考えて、ずるずると保有していると損がふくらみ、「塩漬け」になってしまいかねません。潔く間違いを認めて撤退することです。

○保有中に下落が始まったら「勝てるナンピン」を

しかし、買った時点で下落が始まるのではなく、**保有しているときに下落し始めたらボクは様子を見ます。**そして、**5日間連続の下落で計8%下がったら、ボクは思考停止して買います。**

株価が下がったところで買い増しをする、いわゆる「ナンピン」なのですが、あくまでも連続して下落した局面に限ります。

図23は、買い増しをしたときのナンピン例です。

このときは、12月19日の陽線で買いを入れました。それまで**下落の新値更新をしていたので、そろそろ下落の終わりがくると判断**していたからです。そこで、19日の陽線で買いです。しかし、その後も下がっていきました。さらに、25日も買いでエントリーです。

このときの買いポジションは、1回目が「2」、2回目が「5」です。たとえば、1回目に2000株を買ったら、2回目は5000株を買います。

売りは12月27日の陽線と、28日の陰線です。2回の売りで約半分ずつ（7000株保有していたら、3000株または4000株を）利確します。正直、利益は大きくありませんが、損切りするよりは当然利益が出ます。

次に「売りのナンピン」例です。図24を見てください。

図23 買い増しをする「勝てるナンピン」

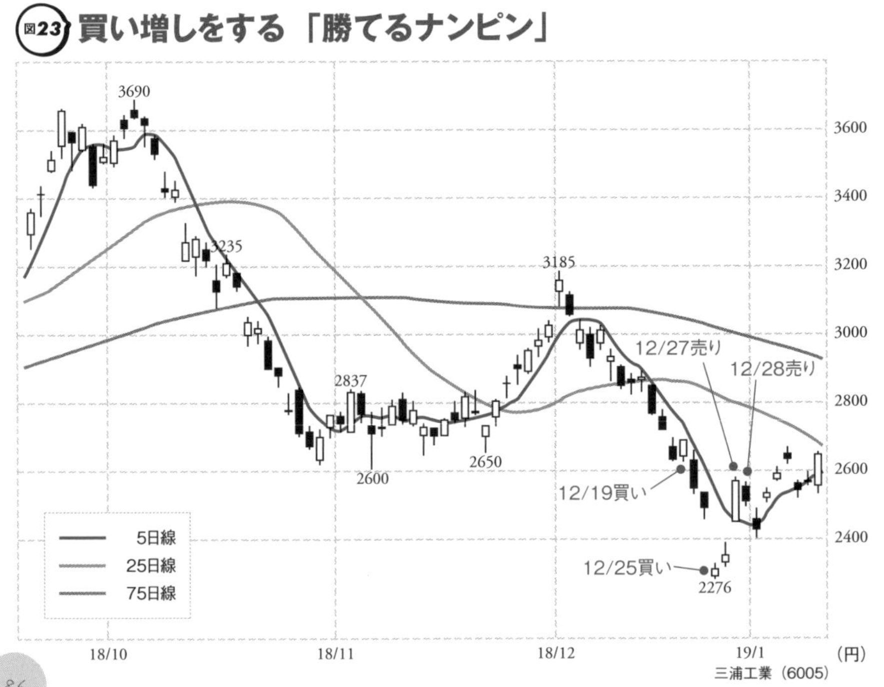

まず5月28日に売りを入れました。新値更新4日目、前の高値とも並んで、上昇の終わりと判断したからです。しかし、その後も上昇。6月3日の陰線で売り、6月9日の陽線でも売りました。

このときは6月11日と15日に、半分ずつ買い戻し、利益確定をしました。

「二度に買うべし、二度に売るべし」（P131参照）という相場格言がありますが、だいたい**ボクの場合は3回に分けてエントリー**しています。投資額の比率は2：5：10の感覚です。**上昇や下落の頂点に近いところにいくほど、投資額を増やしていく**のがポイントです。

○ 勝てるナンピンにはコツがある

実は、「勝てるナンピン」にはコツがあります。ここで紹介した**ナンピンはいずれも「横ばい」局面のなかで**行っています。横ばい

図24 上昇局面での売り増しをする、売りの「ナンピン」

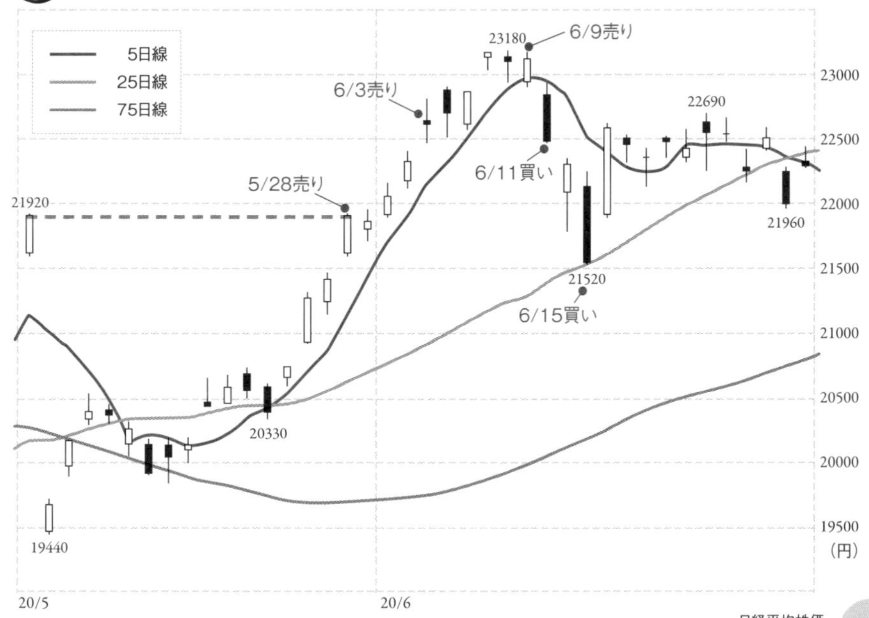

だから株価は上値と下値のなかで動いています。ここが上昇の終わり、ここが下落の終わりと見込んだところを外しても、近日、その終わりは訪れるものです（予測自体を大ハズシしなければ）。

逆にいうと、「勝てないナンピン」は下落トレンド、上昇トレンドのまっただ中で行っているから勝てないのです。下落トレンドの終わりが予測よりも、もっとずっと先だったということはよくある話です。上昇や下落トレンド中に行う、いわゆる「逆張りナンピン」は大損につながりますのでやめましょう。

「勝てるナンピン」でも、下落の途中で横ばいになって、下落が連続しなくなったら、そこで損切りをします。空売りをしているときも同じで下落せず、**連続して上昇していったら、売り増し**をします。これも途中で横ばいが始まり、連続上昇が途切れたらリセットです。

これがボクの「勝てるナンピン」のルールです。

○ 決算は持ち越さないのがマイ・ルール

ルールといえば、ボクは**所有している銘柄の決算日前には手じまい**をすると決めています。安く買って所有している銘柄にいい決算が出るという予測があっても持ち越しません。

決算日になると株価が想定外の動きをすることがあるからです。好決算でも悪い決算でも、出来高が急増して急騰したり、急落したりすることがあるのです。

ですから、決算は持ち越しません。このルールに今まで何度も守られてきました。みなさんも売買をする前にはルールを作るといいでしょう。

さて、ここまでボクのトレード手法を解説してきました。次に、福井さんの手法を話してもらいましょう。

ファンダメンタルズ投資は長期保有が大前提

27

第２章では一生保有できる銘柄の選び方をお話ししました。

さて、この章では、前半にけいくんが株価のトレンドを予測し、前の高値や安値、移動平均線などのテクニカル分析を利用して売買する方法を解説してきました。

ここからは、ファンダメンタルズ分析の話を私が担当してまいります。

ファンダメンタルズでは、けいくんが行ったようなテクニカル指標を使ってのトレードはほとんど行いません。私もチャートは見ますが、「上昇トレンドで前の高値を抜いたら買い」というようなトレードはしていません。

投資するのは長期保有で安定して利益を出していくような銘柄です。２週間後に利益が出なくても、**半年後、１年後、２年後に利益が出れば“良し”とするトレード**です。ですから、トレンドはあまり気にしません。

その銘柄の売買をする前の準備、つまり、**銘柄選びが勝つか負けるかの重大なキーポイント**になるのです。長期保有に適している銘柄だと判断すれば、高値圏でも買います。

たとえばクライアントから、ESG 銘柄（P50 参照）に投資したいと相談を受けたら、業務内容や将来性を調べ、適切な銘柄を探して提案します。顧客が納得すれば、買い注文を出します。そこで、顧客に「上昇トレンドに転換するまで待ちましょう」といった提案はしません。

○富裕層は株価が10倍になるような投資はしない

プライベートバンカーが運用する資金は数十億円のこともあります。ですが、数十億円を10倍にする株式投資は行っていません。行わないというより「できない」と言ったほうがいいかもしれません。

その理由は「資金を10倍にするとはどういうことか」を考えてみるとわかります。

投資した株価が10倍になるということは、その銘柄の時価総額も10倍になるということです。

「時価総額＝発行済株式数×株価」

ですから、**トヨタ自動車**（7203）のように、すでに時価総額が22兆円以上もある銘柄の株価が10倍になるとは考えづらいでしょう。

10倍を目指すためには、マザーズやジャスダックに上場しているような小型株になります。そのような小型株のなかには時価総額10数億円という銘柄も少なくありません。このような銘柄なら10倍、100倍に増えることだって夢とは言い切れません。

では、富裕層が10倍の見返りを期待して、そのような小型株を売買するでしょうか？

おそらくしないでしょう。100億円の投資額を準備できれば、時価総額数十億円の会社なら買収してしまえるからです。ですから、富裕層の投資では10倍を目的にするようなトレードは、普通は行わないのです。

富裕層は貯蓄代わりの投資、どちらかというと資産を減らさないために投資をしています。

このような投資には、銘柄をしっかり選択するファンダメンタルズ投資が最適です。

そこで、みなさん、以下のような考え方の投資はどうでしょう？

まず、**テクニカルで短期投資をして、資金を増やし、増やした資金をほったらかしながら長期で増やすために、ファンダメンタルズ投資を行う**。さらに並行してテクニカル投資で資金を増やし、それをファンダメンタルズ投資に回していく――という考え方です。

○利益確定の根拠がテクニカルほど明確ではない

ファンダメンタルズ分析による投資が短期間に資金を稼ぐことには向いていない理由に、利益確定の手じまいをする指標がほとんどないことが挙げられます。

テクニカルなら、手じまいは「前の高値を抜けなかったから」「新値更新５日で」といった根拠がいくつか考えられます。しかし、**私が行っている運用法では、一生モノと判断した銘柄に投資**しています。利益確定をするとしたら、保有している銘柄よりもっと魅力的な銘柄が出現し、保有株を手じまいして、新しく候補に挙がった銘柄に資金を移すというのが出口戦略になります。

あるいは、その銘柄に投資した状況が180度ガラリと変化してしまうような、たとえば粉飾決算などの不正が発覚したなどの理由で手じまいするといったパターンになると思います。

テクニカルほど明確な利益確定の目安がないと言えるでしょう。

ここが弱いところでもあります。

○高値圏でも買えるし、下がったら買い増しできる

また、損切りもほとんどしません。買ってすぐに大暴落するなど、

自分の判断が誤っていたときには損切りをしますが、そうではない下落――たとえば、テクニカルでいえば、高値を抜けずに下落トレンドに入ったというような理由では、まず手じまいはしません。

むしろ買い増しをします。

高値圏でも買うし、下がれば買い増しという運用なので、株価が下がったときなどは顧客へのフォローを行うこともあります。

みなさんもそうだと思いますが、トレードで利益が出ているときには明るい気分で過ごせるもの。ところが含み損が出てくると気分は暗く、悪いほう悪いほうへと考え、心配になっていくのではないでしょうか？

顧客のなかにも、ときとして、そのような気持ちを抱く方がいます。すると「大丈夫でしょうか。もっと暴落したりしませんか？」といった連絡が入ることがあります。そんなときには「この銘柄は業績も良く、将来に期待が持てます。今は下がっても、きっと上がります」と心配を払拭するようなアンサーを返します。

プライベートバンカーでなくても、証券会社の対面販売による株取引では顧客に担当がつき、株価が下落したときなど、メンタル面で支えになってくれることもあります。

しかし、ネット証券での売買は常に自分ひとりで判断し、トレードしなければなりません。ですから、長期保有するには株価が下がっても、心が折れずに買い増しができるぐらいのメンタルの強さ、投資に対する自信が必要かもしれません。

10年周期で好況・不況がめぐる「景気循環」を意識する

28

私は、「景気循環」を意識してトレードしています。景気循環とは好景気と不景気が繰り返すことですが、**循環の周期は10年ごと**という説があります。この周期をジュグラーサイクルと言います（フランスの経済学者J・C・ジュグラー氏が発見）。ジュグラーサイクルですが、経験上、かなり当たっていると感じています。

好景気と不景気の周期ですから、株価の動きにも影響を与えています。当然のことですが、好景気なら株価は上昇するし、不景気なら株価も下落すると考えられます。

さて、2020年はリーマンショックから12年目、そして第2次安倍政権が経済回復対策として行ったアベノミクスから8年目です。景気の底から景気が上向き好景気へとなって10年前後というところです。

ジュグラーサイクルに照らし合わせてみると、好景気から不景気へ転換してもおかしくない時期と言えるでしょう。

2019年頃から、そろそろ不景気が訪れるだろうと予測し、私は顧客に株式投資より、債券を買うことを勧めていました。

2020年に入り、新型コロナの感染拡大による株価の下落や不況が世界を襲ったのはみなさん、ご存じのとおりです。

しかし、ジュグラーサイクルで考えれば、2020年は不景気が訪れてもおかしくない頃。もし、新型コロナ禍に見舞われなくても、景気は後退していたと考えられます。

長期保有の場合は、このような経済循環にも関心を向けておくといいでしょう。

市場に与える影響が大きくなっているロボアド投資

29

AIに投資を任せるロボアドバイザー（ロボアド）という資産運用サービスを聞いたことがあるかと思います。これは、資産運用を検討している人がパソコンやスマートフォンで、いくつかの質問に答えると、その人に最適な運用法を提案してくれるというものです。証券会社、銀行、投資関連会社などで提供しており、アドバイスだけのサービスと実際に提案したプランに応じた運用をしてくれるサービスの2通りがあります。

実際に運用を任せるサービスでは、その人のリスク許容度によって、株式投資や債券投資などに資産を分配して投資をしてくれます。そして、株価の動きや経済状況によってそのつど、株式投資か債券か、どちらにより資金を多く回すかといった資金配分の比率を変えるリバランスも行ってくれます。資金10万円ぐらいから利用でき、投資初心者にとっては便利なサービスと言えるかもしれません。

しかし、**日本のロボアドでは大きなリターンは狙えない**と思います。

大きな利益を望むなら、数ある銘柄のなかから、あまり注目されていない成長株を発掘して、株価が安いうちに投資し、値上がりを待つなどといった、ほかの人とは多少なりとも異なる投資をする必要があります。

ところが、ロボアドはそのような投資はしません。投資対象は主にETF（上場投資信託）です。

ETFとは、たとえば日経平均株価の動きや東証株価指数

（TOPIX）などに連動して価格が上下するような投資信託です。ですから、個別銘柄に投資しているわけではないのです。

○恐怖指数に連動したロボアド投資

そのロボアドが相場に大きな影響を与える局面があります。

それは「恐怖指数」が20を超えたときです。まず、恐怖指数について、簡単に説明しましょう。恐怖指数は、VIX指数（ボラティリティ・インデックス）の別名です。ボラティリティとは「変動」を意味します。

VIXとは、シカゴオプション取引所がS&P500種株価指数のオプション取引から算出している指数です。S&P500種はニューヨーク証券取引所に上場している銘柄のうち大型株500銘柄を指します。

このVIX指数は、将来の相場に対する投資家の心理状態を反映するものとされ、**VIX指数が高いほど先行きに対する不透明感が高まり、従って投資家の心理も悪化する**とされています。

VIX指数は、平常時は10～20の間で推移しますが、20～30を超えると投資家の不安心理が高まり、株が売られる傾向が強くなります。

2020年3月はVIXが20を超え続け、16日には83.56をつけました。この数値が天井で恐怖指数は下がっていますが、3月は高い数値を保ったままでした。

ロボアドは恐怖指数が20を超えると自動的に株式を売ってきます。すると2020年3月はずっと20以上だったので、ロボアドは株式を売り続けていたことになります。

日経平均を見ると、恐怖指数と連動するように3月初めから続落、19日には1万6358円の安値をつけています。

ロボアドの売りが、日経平均下落の一要因になっているのは確かでしょう。

このように、最近はロボアドが相場に与える影響が大きくなっているようです。株価の動きを予測する際には恐怖指数を参考にすると、より精度の高い判断ができると思います。

以上が、私の儲かるトレードのためのヒントです。

けいくんのテクニカルと異なり、あくまで長期保有が前提ですから､1週間後にいくら利益を上げるというトレードではないのです。

ファンダメンタルズは、貯蓄になる銘柄を長く保有する投資と思ってください。

素早く利益確定のテクニカル、一生モノのファンダメンタルズ

30

ここまでで、テクニカルとファンダメンタルズでは、保有期間も投資の手法も、異なることが理解してもらえたかと思います。

「自己資金を単純に増やしたい」という目線がボクのトレードです。極論すれば銘柄の業績など関係なく、上がればどんな銘柄でもいいし、下がればなんでもいいのです。

一方、福井さんのトレードは、貯蓄の代わりに一生保有できる銘柄、業績や将来性を考慮して、顧客が資金を投入するのを納得できる銘柄を探して売買します。

ボクのトレードでは、**短期間に資金を増やしていきたい**というのが動機ですから、**さっさと利益確定をするのが重要ポイント**です。

反対に、福井さんはエントリーや利益確定をどこでするかが重要ではなく、**いかに一生モノの銘柄を選択し、買い増ししていくか**が重要になるのです。ですから、株価が下がり、それまで上昇トレンドだったのが下落トレンドに変わっても、そこで手じまいは考えません。むしろ買い増しをして保有株を増やしていきます。手じまいに関して、福井さんとボクの手法との大きな違いがあります。

たとえば、株価が90円から100円に上がり、そこから80円に下がり、85円に上がり、また下落して60円に下がり、ここで横ばいになり、70円に上がり、上昇トレンドに入っていくという上げ下げを繰り返す動きをしたとします。

ボクは90円で買って、100円まで保有し、ここから下落と判断

したら、利益が出ているところで手じまいします。そして、横ばいを抜け上昇トレンドと判断できたら、また買って利益を狙います。

一方、福井さんの手法では90円で買って手じまいせず、80円で買い、60円でも買っていくのです。長期目線なので、着目した銘柄の株価が下がれば割安と判断して、買い増ししていけるのです。

それは“上がって、下がって、横ばいになってまた上がる”という上昇トレンド中にしばしば発生する“下がって、横ばい”という“間”を無視して買っていける手法と言えるでしょう。

テクニカルでは、この“間”を無視して買い続けることはしません。どこかで利益確定するか、損切りをするのがルールです。

ところが、**“間”を無視できるのがファンダメンタルズ分析による投資の強み**だと思います。間を無視して買って、長期保有して大きなリターンが狙えるというわけです。

図25「下がって、横ばい」を無視できるファンダメンタルズ

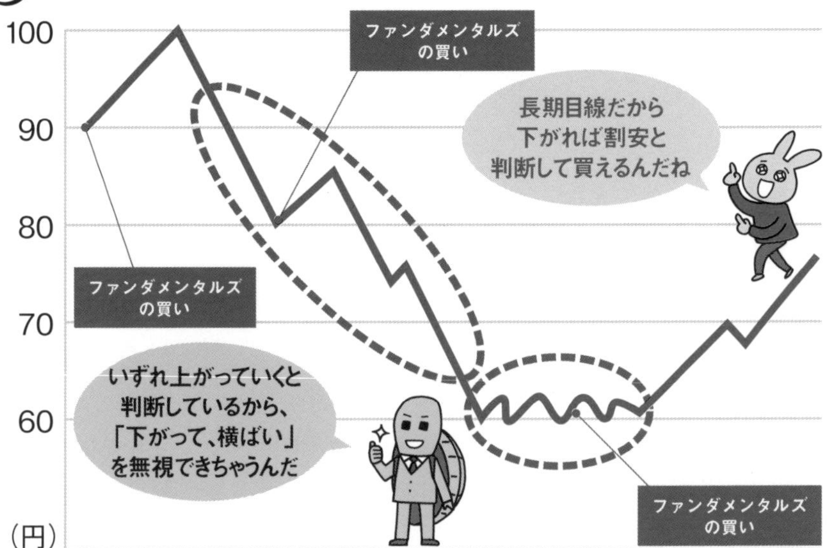

悩まない・迷わないトレードをするために

31

前項では“上がって、下がって、横ばいになってまた上がる”という流れのなかで“下がって、横ばい”という“間”を無視できるのがファンダメンタルズ投資の強みであるとお伝えしました。

とはいえ、下がる株を買い増しするのはメンタル面できついと思います。そして、何よりトレードの技術が未熟では、なかなか買い増しか、損切りかの的確な判断もできないでしょう。

トレードの技術を磨くためには、勉強することが大切です。

ボクはトレードで迷うことはまずありません。

特にエントリーするときに、迷ったり、悩んだりするような状況ならその取引はしません。

「どうしようかな？」と悩みながら売買してはいけない、と思っています。これは福井さんも同じだと思います。

自分がこのトレードに自信がないというときには「やらない」というのが結論です。ですから、売買をするときにはエントリーも、利益確定も根拠がきちんとあって、悩むことはまずありません。

みなさんにも、ぜひ悩まないトレードをしてほしいと思います。毎日少しずつでいいので勉強すれば、悩まない・迷わないトレードができるようになります。

○ 1%の積み重ねが大きな差になる「1.01の法則」

「1.01 の法則」というのをご存じでしょうか？

「毎日少しずつ勉強していく＝1.01」と「少しずつ怠けてしまう＝0.99」を1年間続けると、その結果は大きな違いになるという法則です。1を基準にして0.01多いか少ないか（100％を基準にすると1％多いか少ないか）、その差は微々たるものに見えます。

ところが——

1.01を365乗すると37.8。

0.99を365乗すると0.025。

たった1％の違いが365日では、1512倍の差となって表れるのです。毎日少しずつ積み重ねていくので、乗算すると大きな違いになるというわけです。

いかがでしょう？　勉強の大切さがわかったと思います。

少しずつ勉強を重ね、迷わないトレードを目指してほしいと思います。

成功率が抜群に上がる!ミックス投資

5G関連銘柄の有望株、6Gも見すえた「アンリツ」

32

ここまで、福井さんとボクの投資に対する考え方やメソッドを説明してきました。そこでこの章では、実際のチャートを使って、売買のポイントをふたりで解説していこうと思います。

○ 福井「一生保有の銘柄、3年間で株価は4倍に」

すでに何回も話してきましたが、**アンリツ**（6754）は早くから５Ｇ関連事業に全社を挙げて注力してきた企業です。

図26 アンリツの月足チャート

決算短信などを読めば、5Gの先、6Gまでも見すえての事業展開を準備していることもわかります。まだまだ、この先、伸びていく企業だと思います。

月足チャートを見ると、5Gが話題になり、2020年の実用化へ向けて進んでいくにつれ、株価も上昇しています。2017年から3年間で約4倍になっています。

私は長期保有を前提とした銘柄のトレードでは、月足のチャートを使っています。それは方向感を見るためです。ずっと増収増益を続けていたら、月足も上昇を示す右肩上がりになります。

同時に移動平均線の並び方を重視しています。**上昇トレンドでは移動平均線は短期、中期、長期の並びに**なるからです。

月足と移動平均線で上昇トレンドが持続すると判断したら、買いを入れ、その後、下がったら買い増しをしていきます。

○けい「これから買うならどこで買うか?」

500円台、600円台で買って、まだ保有している人はこのまま一生保有していくのかもしれません。

では、これから買うならどこで買えばいいかをテクニカルで考えてみましょう。

さて、ローソク足ですが、ボクは月足、週足、日足と見ていきます。そして、それらを総合してトレンドを予測し、売買を判断しています。

アンリツの週足を見ると、これまで株価は2200円台に達すると天井をつけ、下落して、2100円あたりで下げ止まり、また上昇を繰り返しています。

日足では、2020年4月30日に高値2267円をつけて翌日には下落。すぐ上がってきましたが、2200円前後で下落。やはり、2200円のあたりが天井と言えそうです。

その後、5月14日から下落トレンドに転換しています。

続落しているので、新値更新を数えます。

新値更新3本を数え、陰線と逆のローソク足、陽線が出たら買いを考えます。すると5月20日、終値2121円で陽線が出ています。日足では前の下落も2100円前後で止まっているので、ここから上昇と判断してもいいでしょう。

○ けい「前の高値2200円を抜けたら買いやすい」

もし5月20日に買ったら、どこまで保有するかですが、2パターンが考えられます。

図27 アンリツの週足チャート

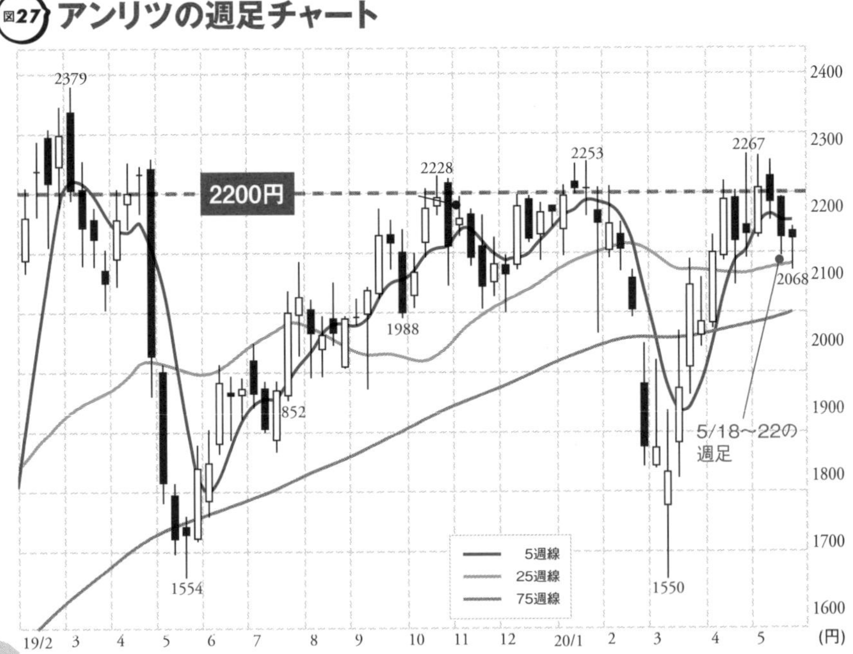

①前の高値 2200 円で手じまい
② 2200 円を抜いたら保有、2300 円を抜けばさらに保有

ただし、5月20日が絶好の買い場かというと、そうとはいえません。週足を見ると下落トレンドです。これではリスクの高い買いになってしまいます。

このようなとき、ボクは買いません。

どこで買いを検討するかというと、2100円で下げ止まり、上昇に転じたのを確認して、2200円を抜けてからです。**前の高値、つまりレジスタンスラインを抜けたら買いやすい**ということです。特に **2300 円を抜ければ、もっと買いやすくなる**と思います。そして買うチャンスを待ちます。

図28 アンリツの日足チャート

○けい「“2300円を抜ければ買いやすくなる”の意味」

ここで注意してほしいのは、2300円を抜ければ“買いやすくなる”というのは、**2300円を抜けたら“すぐ”買いエントリーできるという意味ではありません。**

厳密には、**抜けたから上昇しやすい**という意味です。**買える条件がひとつできた**ということです。**実際に買えるのは、上昇トレンドの途中で下がってきたところ**です。それまで待って、買いエントリーします。

ただ、2300円を抜けてから、本書に掲載したチャートを見る限り、“ここ”という買いポイントがありません。

5月20日はリスクの高い買いポイントですが、福井さんが説明したファンダメンタルズ的な裏付けがあれば買ってもいいでしょう。ただ、ボクのテクニカルでは買えないということなのです。

次に説明するユニ・チャームも同じなのですが、**テクニカルだけでトレードしていたら買えない銘柄もファンダメンタルズを加えることで選択の幅が広がる**のです。

それにテクニカルで買って、もし下落しても、ファンダメンタルズの裏付けがあるので、長期保有すれば利益が期待できます。

テクニカルとファンダメンタルズを併用することで成功率が上がる、と言えるのではないでしょうか。

世界の人口が増える限り業績が伸びる「ユニ・チャーム」

33

福井「貯金する感覚で、私はこの銘柄を買います」

アンリツもそうですが、**ユニ・チャーム**（8113）も一生持ち続ける銘柄だと思います。

このように長期保有の銘柄を探すときには、アンリツと同様、月足と移動平均線の向きを参考にするといいと思います。

ユニ・チャームは紙おむつなどを輸出していますが、世界人口が増え続ける限り、その需要も増えていく生活必需品です。アジアを

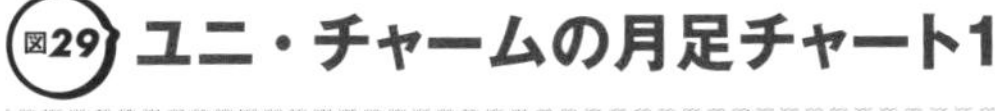

図29 ユニ・チャームの月足チャート1

主な輸出先にしていますから、今後も輸出は伸びていくと考えられます。

私は長期投資を考える際には、**人口が増加するか減少するかといった人口動態を重要視**しています。人口が減少していくと需要も減り、需要と供給によって成り立つビジネスは先細りになってしまいます。

ですから、ユニ・チャームのように、人口増加が期待できるアジアを大きな商圏としている企業が投資対象になるのです。

ユニ・チャームの株価は、2010年から10年間で約5倍です。私はまだ伸びると思います。ですから、下がれば買い増ししていきます。配当（2020年9月4日の株価4559円、予想1株配当32円で約0.7%）もありますし、貯金するより、投資したほうがいいのではないでしょうか。

図30 ユニ・チャームの月足チャート2

○けい「高値を抜けたあとは移動平均線の動きを見て」

ボクがこの銘柄でトレードするなら3700円を超えるか、超えないかを売買の判断基準にします。

月足で見ると3700円前後が高値で、レジスタンスラインになっています。3700円ぐらいまで上昇して、2回跳ね返されています。ですから、3700円台では買いません。

トレードを検討するのは前の高値を抜けてからです。

3700円を超えた日ですが、3月25日に高値で超え、その翌日には終値で超えています。これで買える条件がひとつできました。あとはもうひとつくらい買える条件が揃うのを待ちます。

6月15日に注目してください。移動平均線の短期線が中期線に

図31 ユニ・チャームの日足チャート1

接近しますが、下に抜けずに折り返しています。すると**移動平均線の並び方が短期、中期、長期になり、上昇トレンドと判断**できる並び方になりました。

ここで買えます。利益確定は8%を目指して、ここでは6月30日にやく7%上昇のところで、いったん手じまいします。

アンリツのときと同様に、上がって下がってきたところを買いたいのですが、**ユニ・チャームは横ばいになってしまい、なかなかチャンスがありません**でした。

ただし、福井さんがファンダメンタルズ分析をして、一生保有できる銘柄という判断があれば、トレードしやすくなります。

アンリツ同様に、ファンダメンタルズ分析を売買の根拠に加えることで、選択の幅が広がった銘柄です。

図32 ユニ・チャームの日足チャート2

本業の強みを残しつつ、変革に強い「ソニー」

34

○ 福井「新規事業を立ち上げて、軌道に乗せるのがうまい」

ソニー（6758）が新規事業を立ち上げ、軌道に乗せるのがうまいのは、会社沿革を見るとよくわかります。

創業は1946年ですが、次々に新製品を開発しています。そして、本業以外でも次のような企業を設立しています。

- **1968年にはソニーレコードを設立（91年にソニー・ミュージックエンタテインメントに社名変更）**
- **1980年にはソニー・プルデンシャル生命保険（91年、ソニー生命保険に社名変更）を設立**
- **2001年にはソニー銀行設立**
- **2007年にはソニーフィナンシャルホールディングスを東証一部に上場（同社は2014年、業績が低迷した際には資金調達に貢献）**

2020年7月14日、ソニーはソニーフィナンシャルホールディングスへのTOB（株式公開買付け）を完了し、完全子会社化したと発表しました（親・子会社がともに上場している「親子上場」を解消）。日本は欧米に比べて、親子上場をしている企業の比率が高いので、企業統治の観点から政府や証券取引所が、その比率を下げようとしていることが背景にあります。また、安定した収益が見込める金融事業も中核事業に位置付けました。

結果、2020年8月4日に発表したソニーの第一4半期連結決算は、大幅最終増益となりました。ゲーム分野や金融分野が好調だったことが増益に大きく貢献したのです。家庭用ゲーム機「プレイステーション」を国内で発売したのは1994年でした。

このような沿革を見ただけでも“新規事業を立ち上げ、軌道に乗せるのがうまい”と言えるのではないでしょうか。

さらに、本業の半導体事業ではCOMS（シーモス）イメージセンサーで世界トップの競争力を誇っています。COMSイメージセンサーは光を電気信号に変える装置で、車載カメラ、スマートフォンなどに利用され、需要に供給が追いつかない状態が続いています。

ソニーは、これを2007年にはすでに製品化しています。

本業の強みを残しつつ、新規事業を立ち上げ、時代の変化に対応するのがうまいのです。ですから、今後の成長も期待でき、長期保

図33 ソニーの月足チャート

有に適した銘柄だと思います。

○ けい「移動平均線と新値更新をトレードの判断に」

テクニカルでわかりやすいポイントは 2019 年 6 月 7 日です。ここでボクは買っています。

株価を見ると、5956 円で天井をつけ、下落しています。株価の上下幅は８％とお話ししました（P64 参照）。

この下げでは、5956 円から 5070 円まで下げています。15％近い下げで、これは下げすぎと判断できます。

下げ止まったところは、ほぼ 5000 円の節目ですから、そろそろ上昇に転換すると予測できます。

図34 ソニーの日足チャート1

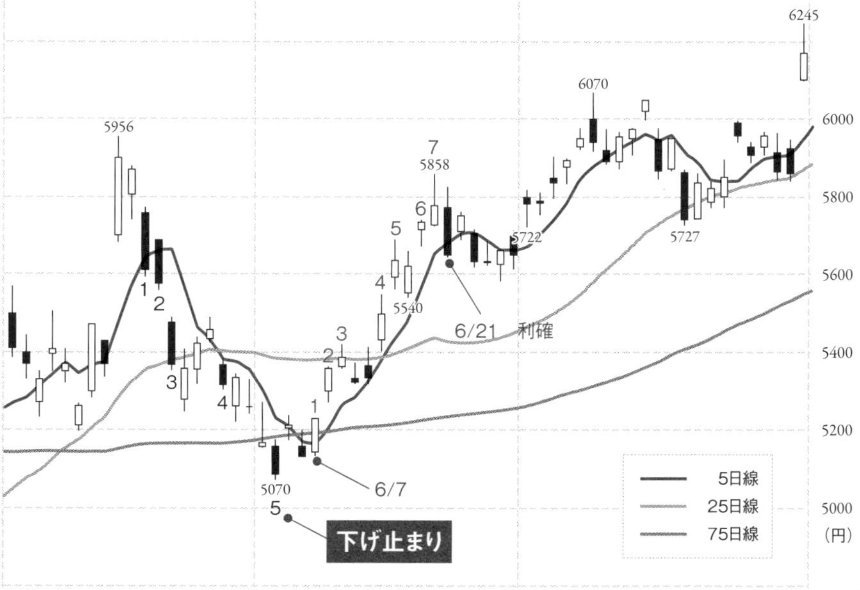

新値更新を数えてみましょう。5956円の2日後から、陰線だけを数えると5本目が5070円です。**ボクのテクニカルでは新値更新から、逆のローソク足が出たところがエントリーポイント**になります。すると新値更新後、初めて陽線で返しているのは6月7日です。そして、この陽線は短期移動平均線の上に出ています。

・5956円で天井をつけたこと

・10%以上の下落

・5000円の節目での下げ止まり

・新値更新5日後の陽線

これらの条件が揃った6月7日が、テクニカルでは勝てるエントリーポイントになります。

利益確定は、これも新値更新を数えます。陽線を5本数え、それ以降で逆のローソク足、つまり陰線が立った日が出口になります。

○けい「週足で前の高値を見て、出口を考える」

次に2020年7月9日は、終値7673円で陽線が立ち、短期線が中期線に接近して下に抜けずに折り返していきました。**移動平均線の並びも上から短期、中期、長期の順番で上昇を示しています。**ここで買いエントリーができると思います。

上昇トレンドに転換していきましたが、出口をどこにするかを考えます。そこで週足を見ると2020年1月に約8000円の高値をつけて下落トレンドに突入しています。**8000円は節目であり、レジスタンスライン**といえます。ですから、8000円まで上がったら、いったん手じまいです。

新値更新5日で数えてみましょう。陽線が3本立った翌日は陰線に。ボクのルールでは陰線の終値が前日の陽線を下回るなら、そこで手じまいですから、陰線が立った7月14日に利益確定します。

図35 ソニーの日足チャート2

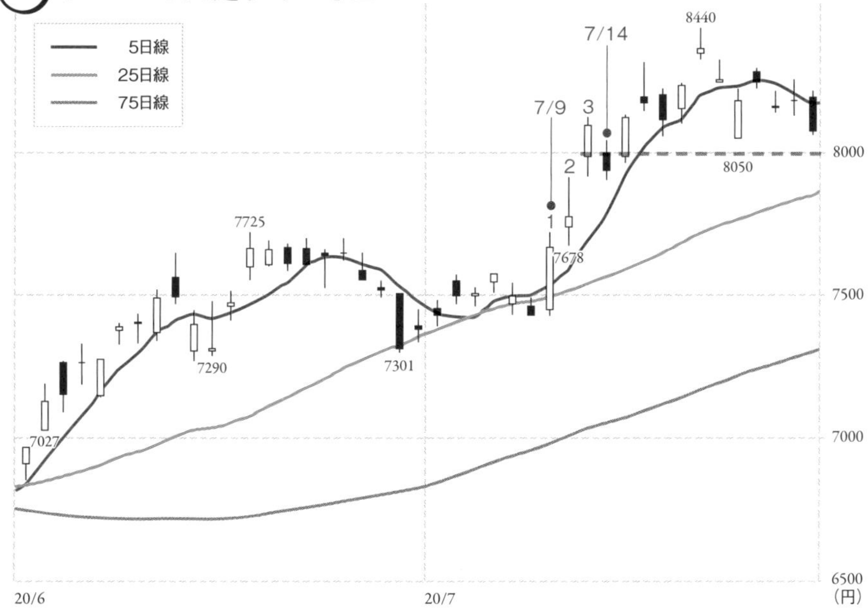

5日線
25日線
75日線
8440
7/14
7/9
3
2
1
8000
8050
7725
7678
7500
7290
7301
7027
7000
6500
(円)
20/6
20/7

図36 ソニーの週足チャート

5週線
25週線
75週線
8000円の高値
8113
8920
8500
8000
8050
7500
7126
7000
6656
6500
6083
6000
5500
(円)
5297
19/10
11
12
20/1
2
3
4
5
6
7
8

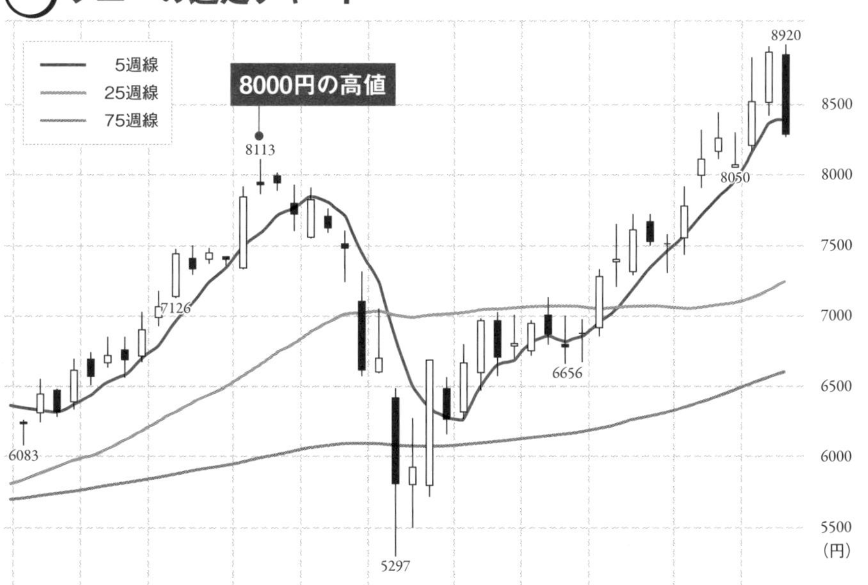

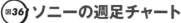

積極的なM&Aで成長し続ける「日本電産」 35

○ 福井「創業社長が尊敬できる企業は株高傾向に」

日本電産（6594）は精密小型モーターメーカーの大手です。

私が長期保有の銘柄としておすすめする大きな理由は、創業社長の永守重信氏の考え方や経営手腕が素晴らしいからです。

社長は1973年、28歳で創業、47年間で時価総額5兆円を超える企業にまで育て上げています。

図37 日本電産の月足チャート

成長を支えた経営戦略のひとつが、積極的なＭ＆Ａ（企業の合併買収）です。同社のホームページによれば、“技術・販路を育てるために「時間を買う」”という考え方をもとに、Ｍ＆Ａを戦略的に進めてきたとあります。その結果、**世界中に311社を擁するグローバル企業**になっています。

また、株価を上げる工夫もしっかり行っています。自社株買いを毎年のように実施、2020年３月には１株に対して２株を割り当てる株式分割も行いました。株式分割を行うと１株の単価が半分に、より買いやすくなり、株価上昇に弾みがつくことがよくあります。

株主を見ると**筆頭株主が社長で、持ち株比率は約8%**です。創業社長が大株主だと、株価を上げるインセンティブも働きやすいのではないでしょうか。

ですから、この先も自社株買いや株式分割などが期待できますし、そうなれば長期的に見ても株価は伸びていくと思います。

ただひとつ、**リスクを挙げるとするなら、社長が交代したとき**です。この世代交代がうまくいけば、株価もさらなる上昇を期待でき、一生保有できる銘柄になるでしょう。

○けい「テクニカルで買えるチャンスはこの日だけ」

2020年6月16日に短期線が中期線に接近、下に抜けずに折り返していきました。これはとても買いやすいポイントです。

ここからはローソク足が短期移動平均線の上にあり、移動平均線の並び方も短期、中期、長期になっているので上昇トレンドが持続すると予測できます。

ですから、ずっと保有してもいいと思います。しかし、**ボクのルールは“決算は持ち越さない”**です。日本電産の決算発表は7月21日です。そこで、その前日に手じまいします。

では、6月16日より前に買える日はあるでしょうか？

買いより、売りを仕掛けやすいタイミングが2月初めにあります。短期線が上がってきて、中期移動平均線にぶつかり、下がっていった局面です。ここは空売りでエントリーしやすいと思います。

では、どこで手じまいするか？　短期線が中期線を抜けたところです。チャートでは、2020年4月14日頃、短期線が中期線を下から上に抜けています。この日の株価は終値で5714円でした。

通常なら、このように移動平均線の動きや新値更新で手じまいを考えますが、2月下旬頃から、新型コロナウイルスの感染流行で緊急事態宣言がいつ出されるかが話題になり、株価は異常な動き方を

図38 日本電産の日足チャート1

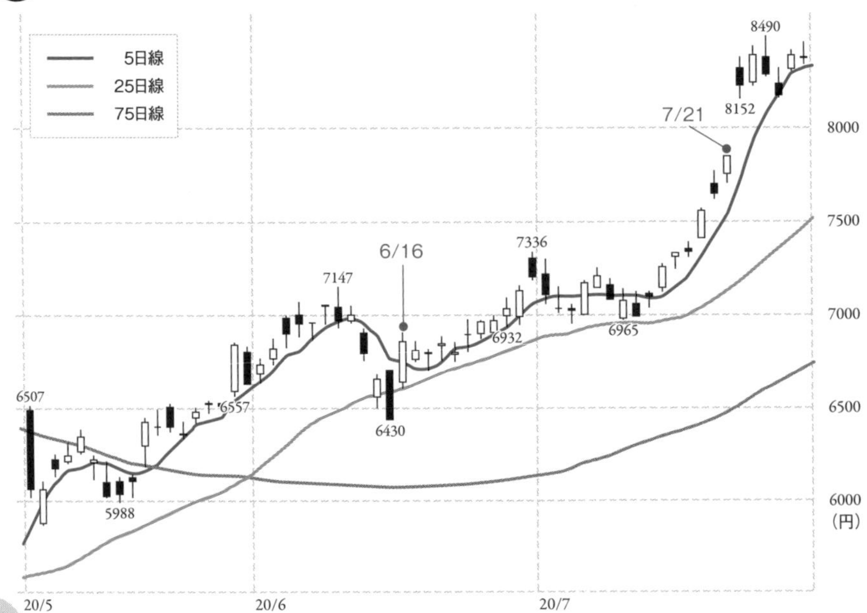

して、ちょっと考えられないほど暴落しています。

空売りを入れていたら、かなりの利益になったと思います。しかし、あくまでもこれは特別で、このような局面が普通だとは思わないでください。

しかし、異常事態で暴落したときでも、福井さんの考え方では買いを入れ、さらに買い増しをする好機ととらえています。

それは、日本電産の企業価値は暴落した株価以上であり、長期で保有していれば株価は回復するというファンダメンタルズ的な裏付けがあるからです。つまり、この暴落は会社の経営が悪化したのが理由ではなく、あくまでも外部要因と考えることができるからです。

ですから、テクニカルでは買えない局面でもファンダメンタルズでは安い株価で買いエントリーができ、大きな利益を上げる結果になっています。

図39 日本電産の日足チャート2

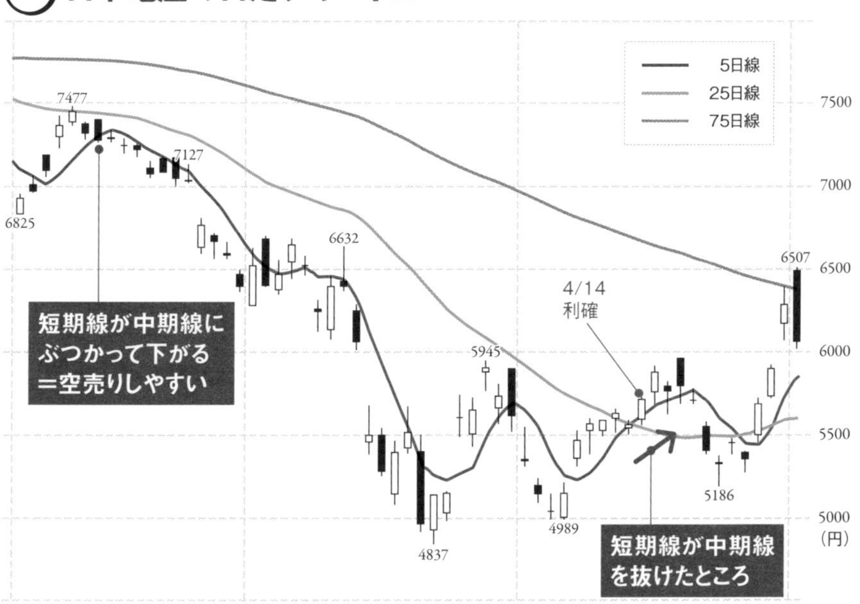

現場のニーズに応える医療機器大手「テルモ」

36

○ 福井「ニッチな分野でシェアを取っているのが強み」

続いては、目立たない分野でしっかりシェアを取っているるテルモ（4543）です。

テルモは心臓や脳のカテーテル治療に必要な医療器具の開発に強みを持つ医療器具メーカーです。カテーテルに関しては心臓領域に特化し、世界市場でトップクラスを保っています。

総合医療の分野でトップを目指すのではなく、グローバルニッチ

図40 テルモの月足チャート

5ヵ月線
25ヵ月線
75ヵ月線

4000
3500
3000
2500
2000
1500
1000
(円)

2011 2012 2013 2014 2015 2016 2017 2018 2019 2020

と言ってもいいかもしれません。専門特化型、いわゆるブティック型の企業です。

今後も専門性の高い現場のニーズに応える製品を持続的に開発、提供していくと思われ、まだ成長できる余地があるでしょう。

○けい「100点の売りというエントリーポイント」

2019年5月8日は100点満点の売りポイントといえます。短期線が中期線に接近して、上に抜けず、再度下に向かっています。

この先、下落が続くというサインと考えていいでしょう。

従って、ここで売りエントリーできます。

ただ、翌日9日が決算発表日でした。テルモは決算発表の翌日

図41 テルモの日足チャート1

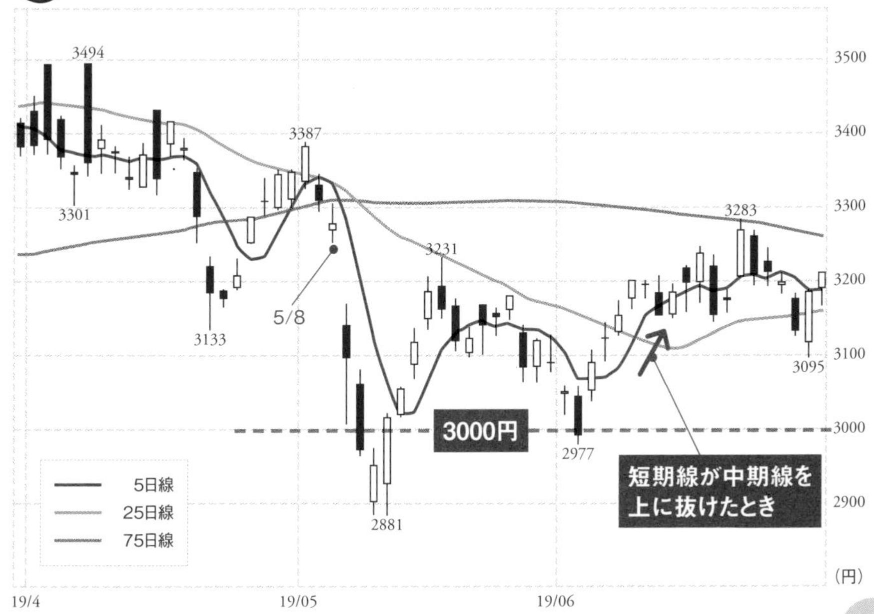

は株価が大きく動く傾向があり、それがリスクです。

ボクは決算前にはトレードしないことにしているので、この日にはトレードしませんでしたが、ここで売ったら、**手じまいは新値更新を数えるか、3000円の節目、または短期線が中期線を上に突き抜けたとき**になります。

次に、買いエントリーしやすいところを紹介します。2019年の9月3日です。

下落から新値更新5日目で3000円の節目にもなっています。ここで買って、手じまいは新値更新5日を数えます。

図42 テルモの日足チャート2

医療関連で多岐にわたるサービスを展開「エムスリー」 37

福井「ビジネスモデルがユニークなエムスリー」

さらに医療関連では**エムスリー**（2413）にも注目しています。

この企業はインターネットを活用し、医療情報を医療現場に提供したり、医師・薬剤師の転職支援をしたり、一般の人向けには健康について相談できるサイト運営も行うなど、多岐にわたる事業を展開しています。

図43 エムスリーの月足チャート

5ヵ月線
25ヵ月線
75ヵ月線

6000
5000
4000
3000
2000
1000
(円)

2010 2011 2012 2013 2014 2015 2016 2017 2018 2019 2020

2017年には米『Forbes（フォーブス）』誌で「世界で最も革新的な成長企業」の5位に選ばれています。

エムスリーはビジネスモデルがユニークで、M&AやLINEと業務提携（オンライン健康相談サービス「LINEヘルスケア」）などで業容を拡大させてきました。

増収増益が続き、月足を見ても右肩上がりです。このような企業はさらなる成長が期待でき、基本的に「買い」銘柄といえるでしょう。

けい「移動平均線と価格帯別出来高が判断材料」

2020年7月3日は買いエントリーしやすいチャートの形になっています。

図44 エムスリーの日足チャート

5日線
25日線
75日線
このまま保有
7/14 利確
1
2
3
7/3
4610
4320
4350
4760
5370
5790
6530
5850
6500
6000
5500
5000
4500
4000
20/6
20/07
20/08
(円)

短期線が中期線に近づき、折り返し、**移動平均線の並び方が上から短期・中期・長期になり、上昇トレンドを維持する順番**になっているからです。

ここで**価格帯別出来高**に注目してみると**4500円近辺で売買高が一気に増加**しています。これは投資家の関心が集まり、売買が活発になった結果と考えられ、4500円を抜ければ株価の上昇に弾みがつき、上昇トレンドが継続していくことを意味しています。

7月3日は終値で4675円となり､4500円を抜けていきました。この先、強い上昇トレンドになると予測でき、買いエントリーできるポイントと判断できます。

その後の手じまいは新値更新を数えるか、このまま保有してもいいでしょう。

図45 エムスリーの価格帯別出来高

ファンダメンタルズをもとにテクニカルを駆使する利点

38

ここまで、福井さんが一生保有できるとして選んだ銘柄を、テクニカルではどこでトレードするかを説明してきました。

ファンダメンタルズで考察して長期保有できる銘柄なら、売買ポイントはいっぱいあるはずと思っていたら、「こんなに少ないの」と驚いた人が多いのではないでしょうか？

もともとボクは毎日、株価の動きを見張って、売買を繰り返すというトレードはしていません。数多くの銘柄の売買をしていても、**1年のなかでココだと思える売買ポイントは、1銘柄につき5、6回**です。

○エントリーできるポイントは年に数回

ですから、この章で紹介する銘柄に限って売買ポイントが少ないわけではありません。**ファンダメンタルズで買えると判断した銘柄でも、テクニカルでエントリーできるポイントは、1年に数回**なのです。

では、福井さんのファンダメンタルズをもとにテクニカルでトレードするメリットは何かというと、**より精度が高い投資、つまり成功率が高くなる投資ができる**ということです。

決して、売買の回数が多くなるというのではありません。

成功率が高くなれば大きな資金を投入しやすくなります。ボクは最初に打診買いをして、自分の判断が正しかったかを確認したうえで2回、3回と資金を分けてトレードしています。その際、ファンダメンタルズの裏付けがあれば、最初の打診買いでそれまで資金の1割しか投入できなかったのが、それ以上に投資できるようになります。たとえば、打診買いで1000万円だったのが、2000万円あるいは3000万円と投入できるようになるでしょう。

当然、利益も増えるわけです。これが最大のメリットと言えます。

みなさんも銘柄を選ぶ際、テクニカルだけでなく、**人口動態やビジネスモデル、将来的そして世界的なニーズという視点**からも検討して、投資を判断してはどうでしょうか？

銘柄の選択肢が広くなると同時に、成功率も上がるようになるでしょう。

column 3

富裕層がリスクヘッジとして保有する「米国国債」

欧米系の超富裕層で何兆円もの資産を持っている人たちは、資産を守る、資産を減らさない運用をしています。

たとえば株式投資をしても、リスクを回避するため、**株価とは反対の動きを示す有価証券にリスクヘッジとして投資**をしておくのです。それが**債券**です。

なかでも**米国債**は安全性の高い債券とされ、リスクヘッジとして保有する富裕層が多いようです。米国債は米国財務省が発行する債券ですが、**利付債**（りつきさい）と**ストリップス債**の2種類があります。利付債は、償還時まで利息が受け取れる債券です。ストリップス債は、利息が支払われない代わりに額面より安い価格で購入でき、満期には額面通りの額を受け取れる債券です。割引債とも呼ばれています。

債券は満期まで保有すれば、額面通りの金額が返済されます。しかし、満期前に売却する場合には、額面ではなく流通市場での債券価格で取引されることになります。流通市場での価格ですが、市場金利が５％で債券の金利が3%なら、債券の価格は下がり、反対に市場金利が3%なのに債券が5%なら債券の価格は上がります。

株式市場が上昇していれば投資家は債券を売り、株式に投資します。**株式市場が下落すれば債券の安全性が魅力**となり、投資家は株式から債券へと資金をシフトするのです。

そして最近では、ストリップス債が注目され、今回のコロナショックで株価が下落したときでも上昇しています。

米国債は日本の証券会社（ネット証券）でも売買できます。株式投資だけでなく、債券への投資も考えてみてはどうでしょう。

第5章

株式投資で大切にしたい7つの教え

あとからじわじわ効いてくる相場格言セレクション

39

今もよく聞く「相場の格言」には江戸時代の米相場から生まれたものが数多くあります。長い歴史を経て、これまで語り継がれてきたのは投資家の心理や行動の本質をついた言葉だからでしょう。

江戸時代の人も、現代人も、その心理に大きな違いはないように思います。江戸時代の投資家だって儲かればうれしいし、損はしたくないはず。そのためには相場がどう動くか、どこで買って、どこで売るかに頭を悩ませたに違いありません。

ですから、「なるほど！」と感じる格言がいくつもあります。

そんな格言はトレードの参考になることもしばしば。今はピンとこなくても、トレードを続けていくうちに、**同じ格言なのに「こういう意味かな？」「そういうことだったのか！」などと新しい発見**があるはずです。

ここでは、福井さんとボクが実際に参考にしている格言セレクションをお届けします。

Selection 1
「噂で買って事実で売る」

アメリカのウォール街で生まれた格言。英語では“Buy the rumor, sell the fact”という。「買い材料となる噂が出たら、買っておき、それが事実として発表されたら、売ったほうがよい」という意味。

けい

「上方修正の噂が出ると上昇して、それが事実として実際に発表された日か、翌日かが株価のピークになるなんていうことは珍しくありません。**事実が出た時点でみんながそれを認知して、利益を確定する**。売りが入れば、天井圏で空売りをしようとしていた投資家も売りますから、結果的に株価は下落していく……そういうことなのだと思います。

今年の新型コロナウイルスの感染拡大では４月に緊急事態宣言が出されましたが、日経平均株価はそれ以前、緊急事態宣言が噂として語られていた３月が一番下がっています。

そして、４月７日に実際に宣言が出ると翌日からは上がっているんです。

決算で下方修正が出て、下がると思ったら、悪材料出尽くしで逆に上昇するのと同じかもしれません」

福井

「不確定要因がなくなると逆に動くということです。好決算でも、決算を発表した翌日から売られて下落する株は、少なくないでしょう」

けい

「だからボクは、決算は持ち越さず、その前に手じまいしています」

Selection 2
「二度に買うべし、二度に売るべし」

江戸時代の米相場から発生した格言。自分の予測が合っているかは実際に投資してみないとわからない。そこで一度に資金のすべてを投じるのではなく、自分の予測が合っているのかを探るために数回に分けて売買したほうがいいという意味。いわゆる「分散投資」、「打診買い・売り」のこと。

けい

「ボクは３回に分けて買います。そのほうが勝てるからです。**投資額の比率を 2:5:10 の感覚で投入**しています。**１億円あったら、1000 万円、3000 万円、6000 万円くらいの割合**でいきます。

ボクのトレードの基本は“下がっているものを買い、上がっているものを売る”です。下がり続ける株も、上がり続ける株もないと思っているからです。ですから、下がっている株が上昇に転じると予測したら、1000 万円で打診買いします。しかし、さらに下がってしまう株もあります。連続して下がったら、もう一度買います。これはボクのルールなので、それに従います。さらに下がって、一番、つらいときに残りの資金を投じるのです。

最初に１億円を入れてしまうと、もう次がありません。ですから、資金を分散するのです」

福井

「私は分散投資をかなり心がけています。

１億円の投資を任されたときに、最初のエントリーでは全力買いしないことが多いです。**２回、３回に分けて投資**します。

その大きな理由はリスクを分散するためです。資金だけではなく、買う銘柄も、分けます。ひとつの銘柄に全資金は投じないということです

また、分散投資は自分の判断が正しいかを探るためと同時に、**買おうと思った日が底値ではないかもしれない、あるいは売ろうとし**

た日が高値ではないかもしれないからです。まずは打診買い、打診売りしてみます。それで自分の判断を見極め、残りの資金を投入していきます。

そのような理由のほかに、多額の資金を一度に投入するとそれで株価が上下してしまうことがあるので、株価に影響を与えない額に分けて投資しているという事情もあります」

Selection 3 「休むも相場」

「売るべし買うべし休むべし」「売り買い休みの三筋道」などともいう。年中、売り買いしていないでときには休みなさい、休むことも大事という意味。それは、売買を繰り返していると、利益が出ればもっと利益を取ろうという欲や驕り、損をしていれば早く取り戻そうという焦りが出る。すると相場全体を客観的に見て、方向性を予測することができなくなり、売買の判断を誤りがちになる。

「実は一番好きな格言かもしれません。ところが説明が難しい……。

福井さんならわかると思いますが、"休む"というのを"トレードしてないだけじゃないか"という人がいます。そうではなく、**あえて休むという意味**です。

年中、トレードしているのに、それほど儲かっていないという人のほうが多いのではないかと思います。それは頭のなかに"休む"という選択肢がないからだと思います。

売買のタイミングというのは、そんなに毎日あるものではありません。どの銘柄でも**年に数回**です。それでも、そのタイミングを逃さず、トレードできればちゃんと利益を上げることはできます。ですから、売買するタイミングではないと判断したら、休むべきなのです。

もっとも、経験を積まないと **“休むべき”** と判断すること自体が難しいかもしれません。

また、休むといっても、何もしないのではありません。投資する銘柄選びをしたり、選んだ銘柄の動きを監視してエントリーするタイミングを考えたり、もちろん株の勉強をしたり、すべきことはいっぱいあります。

資金を投じて売買するだけがトレードではないのです」

福井

「私の場合は長期投資ですから、しょっちゅう売買していることはまずありません。株価の動きを見て、下がるのを待って買い増しするぐらいです」

Selection 4
「売り買いは腹八分（はらはちぶ）」

２つの意味がある。ひとつは「鯛の頭と尻尾はくれてやれ」（頭は相場の「天井」、尻尾は「底値」を表す）と同様に、「最高値で売ろう」とか、「最安値で買おう」とか思ってはいけないという戒め。欲を出すと失敗するということ。２つめは、相場に投入する資力は八分目にとどめ、決して全財産を投入してはいけないという意味。

けい

「ボクは **8%のルール**（P64 参照）でトレードしています。ですから、天井あるいは底値で売買しようとは思っていません。続伸、続落しているときは**新値更新**（P81参照）を数えて売買しています。

投資に全財産を投入するな、というのはその通りです。給料を全部、トレードにつぎ込んでしまうようなことは、絶対にしないでほしいと思います」

福井

「たとえば日経平均では2020年３月に２万円を割れたときに買い、**２万円を目指していても１万9800円ぐらいでいったんは利確**します。そういうキリのいい節目があれば、その少し下くらいで売ったり買ったりします。

あとは先ほど言ったように、資金はリスク分散するのが大切ということです」

Selection 5
「三割高下（さんわりこうげ）に向かえ」

相場全体の動きは３割が目安になる。３割上がれば、そろそろ天井、３割下がれば、そろそろ底。３割上がったところで、ひとまず手じまい、反対に高値から３割下がれば思い切って買う、という目安を示したもの。また、３割上がるとまだまだ上がると思い、３割下がるとまだ下がると思い、手じまいせず、買いや空売りの利益を得るチャンスを逃すことがよくある。そこで３割上下したら、手じまいするという目標を立てておくとよいという解釈もできる。

けい

「最初、意味がよくわからなかったのですが、これもボクの8%のルール（P64参照）と同じような意味かなと解釈しています。

ボクの場合は３割ではなく、ピークから8%下がったら買いですね。今の相場では３割動くというのはなかなかありえないと思います。

8%下がったあたりで買い、8%上がったら手じまいです。腹八分の格言と同じような意味だと解釈しています」

福井

「株は上昇トレンドや下落トレンドのなかでも、上がったり、下がったりを繰り返しています。**“３割上がったところは売り、３割下がったところは買い”が相場のメド**となることも多いです。

このほかにも、株価の下落が止まる水準のメドを指す表現として“３分の１戻し”などもあります」

Selection 6
「夏枯れ相場」

日本ではお盆休暇、海外ではバカンスなど、夏期は長い休みが多い期間。日本人投資家も外国人投資家も、休暇を取るために市場参加者が減少する。当然、売買高も、出来高も減少する。

福井

「江戸時代の米相場では“節分天井彼岸底（せつぶんてんじょうひがんぞこ）”などと言って２月の節分に高値、３月のお彼岸に底値をつけると言われてきました。日経平均など２月は結構、高値をつけることがありますが、彼岸底は必ずしもそうとは言えないようです。

夏枯れ相場ですが、確かに夏期は市場参加者が少なく、８月、９月は株価もふるわない気がします。

どちらにせよ、私は２月下旬から３月、８月、９月は**いつ下げて**

もいいように、株式の保有割合を減らしたり、債券などを買ったりして備えをしています」

Selection 7
「閑散に売りなし」

株価が低迷して、持ち株が一向に動かない。すると投資家は嫌気がさし、持ち株を売りに出す。市場は弱気に傾き、まさに閑散状態になる。しかし、これは売り尽くしの状態であることが多く、投資家のなかには買いのチャンスをうかがっている者もいる。何かちょっとした材料が出ると相場が急反発することもあるので、閑散状態の相場で安易に売りを仕掛けてはいけない。

けい

「**株価が大きく下落して、出来高が少なくなるとピタッと動かなくなる**ことがあります。そのような状態のときは、だいたい底値のことが多いようです」

福井

株価が横ばいで均衡状態のときは、**次の「材料」待ちの状態**です。私は、**株価が上がるか下がるかの方向感が出始めたときに、その方向に乗る**ようにしています。

ここまで福井さんとボクが共感できる格言をいくつか紹介しました。

格言は人によって、意味のとらえ方はさまざまでいいと思います。そして、**トレードの経験を積めば積むほど、その真意が理解で**

きてくるものだとも思います。

ボクはトレード初心者だったとき、相場格言を読んでも、「ふ～ん、そうなんだ」ぐらいで、特に印象にも残らなかったし、「これは納得できるなあ」といった感想も持ちませんでした。しかし、経験を積むに従い、次第に「なるほど！」と思えるようになったのです。

今では**格言はトレードのヒントにもなるし、"戒め"**にもなっています。**「二度に買うべし」とか「腹八分」とか、そういう格言で自分を抑える**ことができるのです。

この格言を読んで、実感を伴わないという人がいるかもしれません。しかし、今よりもっとトレードの経験を深めれば、きっと共感できるようになると思います。

最後に、干支(えと)にまつわる相場格言もあるので挙げておきます。

十二支格言

子(ね)「繁栄」

●ネズミは子だくさんということから繁栄の象徴。上げ相場になる

丑(うし)「つまずき」

●上昇かと思えば下落するなどすんなり上昇・下落するのではなく、波乱含みの相場になる

寅(とら)「千里を走り」

●トラは千里を走り、千里を無事帰るという言い伝えから発生した格言。株価は快進撃を遂げる

卯(う)「跳ねる」

●全体に上昇相場となる

辰巳(たつみ)「天井」

●株価は辰年、巳年で天井をつける

午「尻下がり」

●辰巳で天井をつけた株価は午年で下がる

未「辛抱」

●上昇も下落も、株価の動きは低調で我慢の一年

申酉「騒ぐ」

●申年、酉年は株価の上下が激しく、値動きが荒い

戌「笑い」

●相場が活気づき、関係者の笑いがとまらない

亥「固まる」

●小幅な動きで子年の繁栄に向けて足元を固める

column 4

「エンジェル投資家」でハイリターンを狙う

最近、話題になっているのが「エンジェル投資家」です。**エンジェル投資家とは、起業したばかりの企業に資金を援助する個人投資家**を言います。起業家は事業を立ち上げようとしても資金調達が思うようにいかないというのが現実です。そこでスタートしたばかりで実績のない企業に資金を出資してくれる投資家、まさに起業家にとって、天使のような投資家がエンジェル投資家です。

欧米にはエンジェル投資家が援助した企業がいくつかあり、「Uber（ウーバー）」もそのひとつです。「Uber」のスタート時に投資したエンジェル投資家はジェイソン・カラカニス氏。アメリカでは有名なエンジェル投資家です。同氏はシリコンバレーでホテル賃貸利用サービス「Anyplace」を起業した日本人の内藤聡氏にも資金を提供しています。

投資家からの資金提供では、企業側は資金と引き換えに株券を発行します（この株券に返済の義務はありません）。

エンジェル投資家にとってのメリットは、その企業が成長して、上場すれば株価は一気に何十倍にも、何百倍にもなる可能性があることです（事業が失敗すれば出資したお金は回収できませんが）。

エンジェル投資は、普通の株式投資よりハイリスク・ハイリターンと言えるでしょう。

ネット上では、エンジェル投資家と起業家を結ぶマッチングサイトが増えています。1口10万円から投資できるサイトもあります。スタートアップ企業の株主になって、**投資した会社の成長と大きなリターンを夢見る**のも新しい投資スタイルかもしれません。

おわりに

みなさん、こんにちは。山下勁です。

プライベートバンカーの福井元明さんと個人トレーダーのボクがレクチャーした「最強の組み合わせ投資」はいかがでしたか？

ファンダメンタルズだけでもテクニカルだけでもない、両者のメリットを組み合わせた投資法を理解していただけたでしょうか。

もし、あなたがボクと同じテクニカル派だったら、投資銘柄を考えるときにチャートだけではなく、人口動態や世界的なニーズも判断材料にしてみるといいでしょう。

もし、あなたがファンダメンタルズ派だったら、少しおこづかいが欲しいとき、株価の動きをテクニカルで予測して、短期トレードをしてみましょう。

どちらかひとつではなく、両者を融合すれば長期も短期も、つまり資産形成も副収入も可能になるのです。

加えて長期と短期の投資法を身につけておけば、2020年のようなコロナショックという予期しない出来事が市場を襲い、株価が大きく乱れたときも落ち着いて対処できるはずです。

株価が暴落したら長期投資の目線で銘柄を選び、いずれもとに戻ると判断できれば絶好の買いチャンスととらえることができます。

同時に、短期の売買で数%の利益を狙ってもいいでしょう。

さて、長期投資にも短期投資にもいえるのは、ときにはトレードを休むのも大事だということです。

個人トレードで１億円を稼いでいるボクでさえ、８%の利益をコツコツと狙い、２週間に一度の銘柄探しで、１銘柄の投資回数は年に5、6回です。

みなさんも、いきなり株価数倍を狙ったり、頻繁に売買したりする投資ではなく、少ない回数でコンスタントに利益を上げるトレードを目指しましょう。

そのためには投資に適した「いい会社」を選ぶ目を養うことが大切です。本書で解説した福井さん目線の選び方、ボク目線の選び方を参考にしていただければと思います。

最後にお伝えしておきたいのは、投資に関していえば**"勉強は裏切らない"**です。毎日、実際のトレードをする必要はありませんが、チャートを見て、株価の動きを予測する練習をしましょう。そしてトレードをしたら、必ず良かった点や反省点を確認しておきましょう。これを続けるとテクニカルは、どんどんスキルアップしていきます。

ファンダメンタルズの目線を育てるには、広く社会や世界の動きに関心を持ち、視野を広げることです。新聞や雑誌、ネットやＳＮＳから情報を得たら、それで世界がどう動くか、それが市場にどのような影響を与えるのか、考えるクセをつけましょう。徐々に市場が何を求め、どのような企業が伸びていくのかがわかってくるはずです。

本書を読み終えたみなさんは今、新たなトレードの視点を持ち始めたかと思います。それぞれに思い描くゴールがあると思います。そのゴールに向かって一歩ずつ着実に進んでください。

いつの日か素晴らしいゴールに到達することを、ボクたちふたりは願っています。

山下 勁

読者限定のプレミアム特典

本書を購読された読者に限定して、テクニカル分析とファンダメンタルズ分析の極意がわかるセミナー&動画を用意しました。

こちらよりダウンロード方法をご案内

http://landing.fukugyou-academy.com/saikyo-toushi/

特典❶　株式投資の無料セミナーにご招待

書籍では紹介しきれなかった㊙情報や考察銘柄などをたっぷりお伝えします!

特典❷　特別対談動画

年収億超えの現役トレーダーけいくん&元メガバンク・現プライベートバンカーの福井さんとの特別対談。「テクニカル×ファンダメンタルズ」分析の考察の極意を教えます。

特典❸　本番前に擬似トレード を体感してみよう

株式投資のトレーニングツール「ストックシミュレーション」を1ヵ月無料でプレゼント! ▶ **https://stock-simulation.com/register**

- 会社の給与だけだと不安……。
  本業とは別に少しでも収入があるとうれしい。
- 自分で稼げるチカラを身につけたい、自由な時間とお金を増やしたい。
  そんな方は、ぜひ特典を活用してみてください。

※本特典の提供は、株式会社レベクリが実施します。

※お問い合わせは info@fukugyou-academy.com までお願いいたします。

【著者】**山下 勁**（やました・けい）
◎株式トレーダー
◎1986年、神奈川県生まれ。大学在学中の20歳のときに、株式投資を始める。初めての株式投資で、原資の50万円を600万円に増やすビギナーズラックを経験。ちょうどその頃、20歳からの2年間、束縛の強い彼女に軟禁されながら、「再現性のある儲かる株式投資」を追究。23歳で1200万円の原資を3200万円に増やし、25歳のときには、独自のテクニカル投資を完成させる。2019年の株式投資による利益は1億円超。
◎現在は「副業アカデミー」で株式投資の講師を務めるかたわら、主夫として家事・育児に尽力中。趣味は「ポケモンGO」。
◎著書に『中華屋アルバイトのけいくんが年収1億円を稼ぐ1日1分投資』『見習いカメラマンのけいくんが年収1億円を稼ぐ月3分投資』（ともに小社刊）などがある。

【著者】**福井元明**（ふくい・もとあき）
◎株式会社Wells Partners(ウェルズ・パートナーズ)代表取締役CEO、独立系プライベートバンカー
◎1985年、鳥取県生まれ。慶應義塾大学経済学部卒業後、みずほ銀行に入行。在籍期間中に、数々の社内表彰を受賞するとともに、税理士法人やプライベート・バンキング業務を行うスイス現地法人への出向を経験し、国内外の幅広い金融商品や金融知識に精通。富裕層および国内外のファミリーオフィス、事業法人向けの資産運用、助言、融資業務などを行う。
◎2019年、真に顧客志向の金融サービスを提供するために独立起業し、現職に就く。総資産数百億円から数千億円規模の顧客（上場企業の創業家、芸能人、スポーツ選手、政治家など）の資産運用・資産保全に従事する。

【監修】**小林昌裕**（こばやし・まさひろ）
副業アカデミー代表。26歳のときに副業をスタートし、5年後の2014年に年間収益1億円を突破し、サラリーマンを卒業。現在は日本初の副業の専門学校「副業アカデミー」の運営をしながら、さまざまな大学・企業・団体における講演などを通じて、あらゆる人の収入の柱を増やすために幅広い活動をしている。

長期(ちょうき)×短期(たんき)　最強(さいきょう)の組(く)み合(あ)わせ投資(とうし)
プライベートバンカー×億超(おくご)えトレーダー

2020年9月26日　初版第1刷発行

著　者　山下 勁　福井元明
監　修　小林昌裕
発行者　小川 淳
発行所　SBクリエイティブ株式会社
〒106-0032　東京都港区六本木2-4-5
電話　03-5549-1201（営業部）
執筆協力　小川美千子
装　幀　井上新八
本文デザイン　荒井雅美（トモエキコウ）
イラスト　村山宇希
組　版　アーティザンカンパニー株式会社
印刷·製本　中央精版印刷株式会社

本書をお読みになったご意見·ご感想を下記URL、
または左記QRコードよりお寄せください。
https://isbn2.sbcr.jp/06190/

ISBN 978-4-8156-0619-0